ここが変だよ地方議員

小田りえ子 著・画

萌書房

はじめに

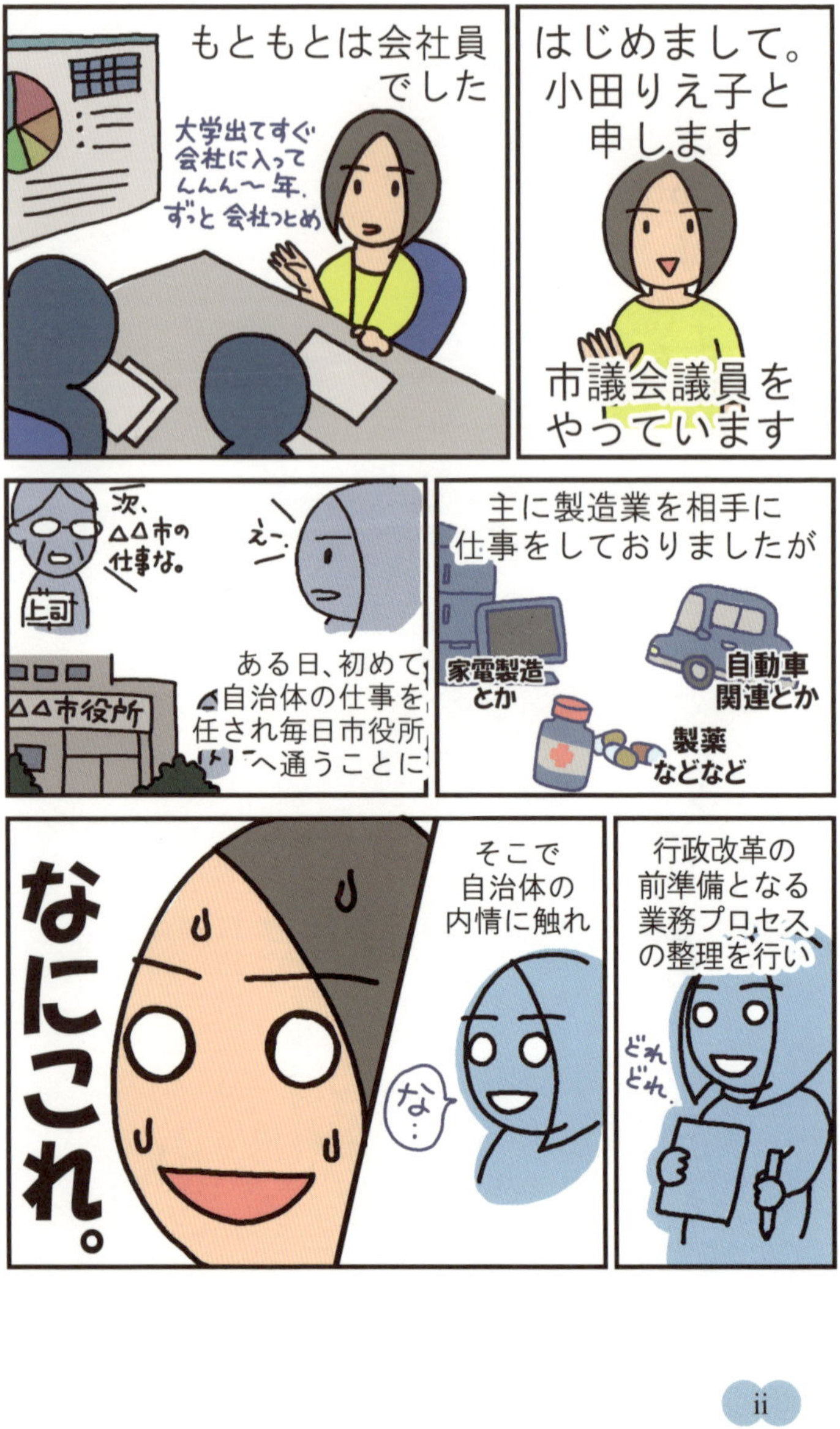
はじめまして。小田りえ子と申します
市議会議員をやっています
もともとは会社員でした
大学出てすぐ会社に入ってんんん〜年。ずっと会社つとめ
主に製造業を相手に仕事をしておりましたが
家電製造とか
自動車関連とか
製薬などなど
次、△△市の仕事な。
上司
えー
ある日、初めて自治体の仕事を任され毎日市役所へ通うことに
△△市役所
行政改革の前準備となる業務プロセスの整理を行い
どれどれ
そこで自治体の内情に触れ
な…
なにこれ。

グローバル市場で
海外企業との熾烈な
競争にさらされ
製造業
1円単位までコストを
切り詰め効率化を追求
設計
自治体
無駄の嵐。
効率化とか業務
プロセス改善などの
概念が存在しない
うわぁ
そこで見たのは、民間企業とは
あまりに違うコスト意識と

福利厚生は一部上場企業
と比べても2倍は手厚い
非正規の市職員は同じ
仕事なのに福利厚生なし
給料は 3分の1
休暇や各種手当て
年金など含めると、
生涯で受ける利益
はものすごいことに
元は税金だよね。
ドン引きなんですが
ものすごく手厚い福利厚生、
よほどのことがなければ解雇
もされない危機感の欠如
した環境にショックを受けました。

「そうだ地方議員になろう！」と決意し
じっ。
「これは変えないといけないのでは？」と思い立ち、
そんな現状を知って「こんなのおかしい」と頭を抱えましたが
２０１１年の統一地方選挙で市議会議員に初当選しました。
頑張るぞ〜。
自分の住んでいた市から市議会議員に立候補し
と思っていたのですが
市役所
会社員時代の経験を活かして、行政改革に取り組もう！

こうして入った世界はジャングルだったのです。
サバンナ？
いや、ジャングルですか
なにここ。
クックック
イヤァァァ
バーカバーカ
ギャー
ギャー
何の特徴もありません
普通の家庭に育ち
普通に学校を出て
普通の会社員になって
普通に結婚して
普通の生活を送ってきた
私からみて、
(普)
この業界の人間達は
何でこんなのか
さっぱり理解できず、
ワー
ワー
地方議会も
ひゃっほーい
いいぞー
行政も
これはヒミツです
ハイ
国会議員も
よきにはからえ
先生～
みんな変。

いや、これ、
おかしいでしょ！
ドッカーン

この業界は、
普通の感覚では
理解できない
おかしな常識が
まかり通っていて
それが、今の閉塞
した政治状況を
作り出しす一因と
なっているのだと
感じます。
うえーん
まずは皆さんに、地方議会の実態を
理解して貰う必要があると考えて
この本を書きました。
きいて下さい
こんなことや あんなことが
地方の真実
そうなんだ
へー
その上で考えてほしい
のです。
知らなかった
これは よくない
地方議会はどうあるべきか。
その中では今後、どういった
議員が必要とされるのか。
よろしくおねがいします。
地方を活性化させるため
国と地方自治体はどういう
役割分担と連携を目指して
いくべきなのか、この本が
考えるきっかけになれば
良いな、と思っています。

目次

ここが変だよ地方議員の日常

ここが変だよ地方議会

ここが変だよ地方公務員

ここが変だよ国会議員

ここが変だよ地方議員

ここが変だよ地方議員の日常

公務員になりたい君たちへ

公務員になりたいと考えているアナタ。それは何故ですか？

昨今、就職先として人気を博している**公務員**。安定処遇、転勤がない、女性が働きやすいなどなど理由は様々でしょう。

しかし、ここで一つ覚えておいてほしいことがあります。

公務員になってある程度の役職に就くと**議会対応**という役割が与えられます。

日常的に議員に対し事業の説明を行ったり、委員会に出席して答弁を行ったり、議会質問の答弁調整を行ったりしなくてはならないのです。

例えば、新しい事業を実施する際には、自分の所属する局所管の委員会に出席して議員に対して説明や質疑応答を行うのです。また、何か問題が起こった場合、議員から呼び出されて「どうなっとるんじゃー」と説明を求められたりもします。中には恫喝めいた言葉で職員を締め上げて自分の思い通りにしようとする議員も存在しますし……。

ウチの市の場合、議員対応には必ず課長職以上が同席するルールになっておりまして、何かあった際に矢面に立つのはだいたい課長です。また、前述した通り、議会質問の答弁書の作成や答弁調整を

行うのも課長の役目です。課長は議員と、部長・局長との間に立って調整する大変な役目です。中間管理職の辛さですね。それは民間企業でも同様ですが、ただ違うのが、相手が企業の役員か議員かということです。どっちの方が大変でしょうか？　想像にお任せします（笑）。

いずれにしても、公務員を目指す君たち、「出世したら議員とのガチンコ勝負が待っている！」ということを覚えておいてくださいね！

公務員になると、議員と直接対峙しなければならないのよ。覚悟しておいてね。

猛獣の庵

さて、そんな地方議員。議員の中には色々な人がいます。主義主張や思想、所属する政党、自分が背負っている組織などなど。物事一つとっても、まったく異なる意見を持つ人間の集まりでして、これはある意味、社会の縮図とも言える気がします。この中には、私にはまったく理解できない考え方をする人もいます。しかし、その相手からすれば私の方がおかしいと感じていることでしょう。まあしかし、社会は、色々な人がいるから面白いのですよね。

さて、こんな多様な人の集まる地方議会ですが、彼らには一つ共通点があります。

それは「全員肉食系」ということです。

我々議員は、市民からの負託を得た以上、その声に応え政策を実現しより良い社会システムを形成することこそが生きるための道です。その道中は険しくて、常に戦いを強いられますが、強面で怒号を上げることだけが戦いではありません。

柔和で優しい議員が、実は一番強い牙を持っていることだってあります。「怖いなー」と思うのは、声が大きかったり怒鳴りつける議員ではなく、本当の意味で「強い牙を持つ」議員です。

そういうわけで、男も女も、老いも若きも、右も左も、過激派も穏健派もやっぱり「肉食獣」です

（笑）。肉食獣でも、ライオンとかトラのような、近づいただけで攻撃されそうな種もいれば、おとなしくて意外な動物がそうだったりしますよね。例えばペンギンとかモグラ、アリクイなんかも肉食獣です。議員もそんな感じ。

また、おとなしく優しい感じで、とても肉食系には見えない議員ほどスイッチ入ると、豹変することと多い気がします。多分わざとやってますよね、あれ（笑）。

議員は全員肉食系よ。でも議員たれば褒め言葉だわ。

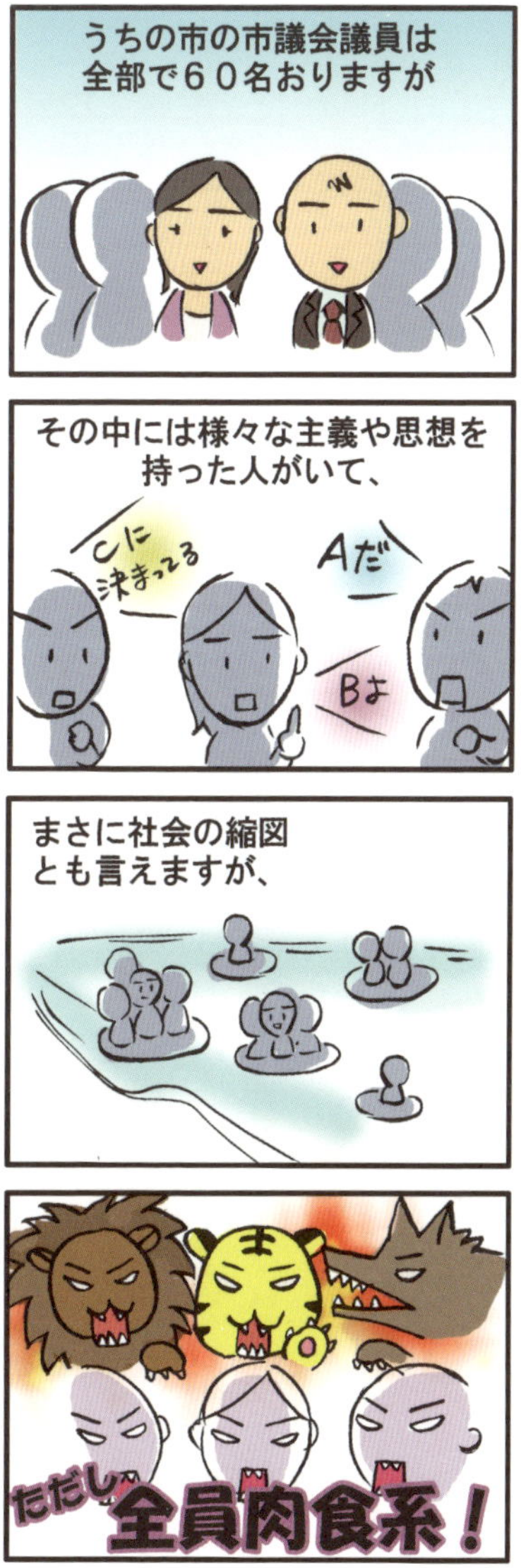

うちの市の市議会議員は
全部で６０名おりますが
その中には様々な主義や思想を
持った人がいて、
Cに決まってる
Aだ
Bよ
まさに社会の縮図
とも言えますが、
ただし
全員肉食系！

上下関係①

市民の中から等しく選挙で選ばれる地方議員ですが、何と議員間の上下関係があったのです。

当選回数が多い議員は「先輩議員」と呼ばれ（これを「期数が大きい」という言い方をしたりします）当選一回は一期生、当選二回は二期生……と数字が大きいほど「エライ」とされるのです。

この議員の上下関係は、中学・高校の先輩後輩の関係に近いです。

普段生活している中では上下関係を意識することは少ないけれど、部活動（会派）の中での先輩は絶対的な存在であるところなど、よく似ています。

先輩から何か言われたら、「それはちょっと嫌だな～」と思ったとしても、よほどのことがなければ逆らったり口答えしたりはしませんよね。

まあ、そういう訳で**期の大きい方が偉い**とされている業界ですので、先輩議員には大変気を遣います。気難しい議員や、気に入らないことがあると怒り爆発する議員もおりますので、慎重にならざるをえない部分もあります。

どんな形であれ、先輩に敬意を払うことは当然とも言えますが、議会の面倒なところは会派の意思決定に先輩後輩関係が絡んできてしまうところにあります。

議員の期数による上下関係の厳しさは、会派や政党、または議員個人によって異なります。非常に厳しい会派もあれば、緩やかな会派もあり、それぞれです。

一年生議員であることで多少の失敗は大目に見てもらったり、ものを教えてもらったりすることもありますので先輩後輩の関係がまったく悪いことばかりではありませんし、社会常識として、経験者や年長者は尊重してしかるべきとも思っています。

議員には「当選回数の多い議員の方がエライ」という謎の上下関係があったのよ！

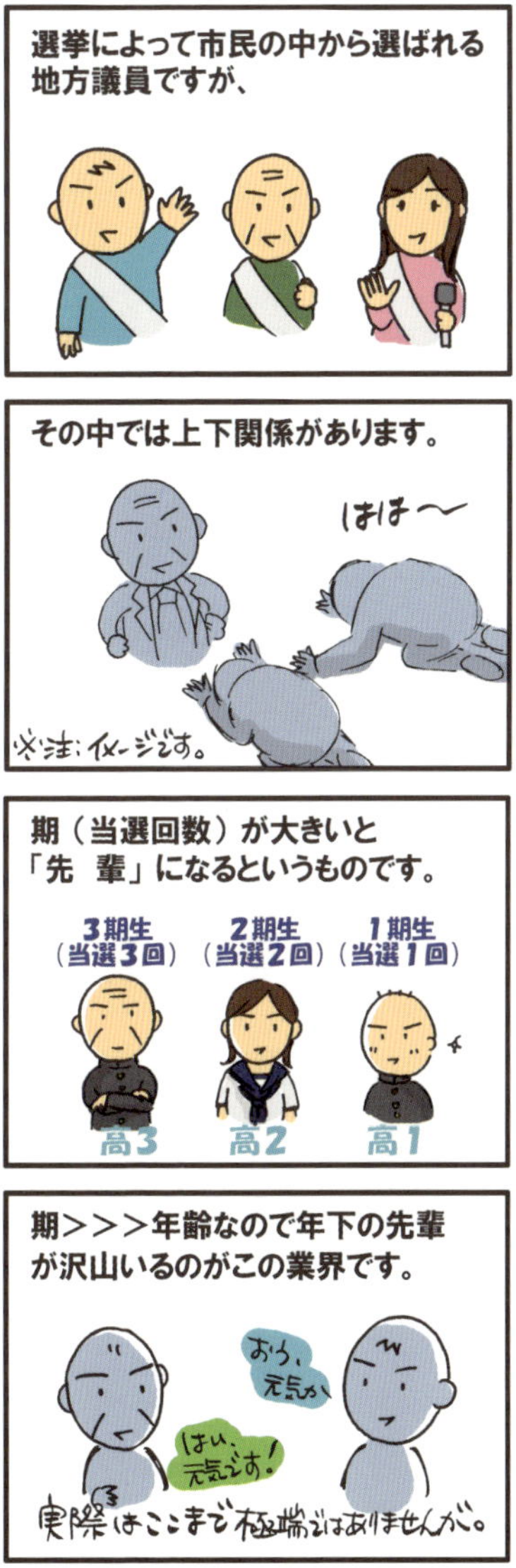

上下関係②

しかし、尊重することと、議会での意思決定を先輩に合わせることとは次元の異なる話です。先輩は尊重しつつも、自分の意見は通すのが市民から託された議員一人ひとりの責務ですよね。議案の賛成／反対は会派ごとに話し合って決めますが、その際に内部で意見が割れたとしましょう。先輩議員が賛成なのだから、後輩議員は反対していても先輩の意見に従え、とされたらどうでしょう？ 中には内部で意見が異なる場合に、先輩の意見が優先される会派も存在するようですが、だったら議会なんてやめて長老が一人で決めたらよいでしょう。

さて、この先輩後輩の縛りのきつさは地方議会や会派（または政党）によって違います。体育会系の上下関係がはっきりしているところもあれば、期が若かろうと関係ない！ というところもあります。

しかし、先輩後輩関係のみならず「議員の属性」と「その議員が表明する意見」を関連づけて意思決定することは、避けなければならない行為だと思います。その議員の属性や資質がどうであれ、今、目の前にいるのは市民の代表として市民意見を代弁している者であるということを忘れてはなりませんよね。もちろん。議論の中身について反論することは大いにやるべきですし、それこそ先輩の経験値で後輩を叩きのめしていただければよろしいかと。

先輩／後輩の例を出しましたが、こうした例は他にもあります。所属政党、性別、その議員の性格、遺恨の相手である等々……。「後輩のくせに」とか「〇〇党の意見は聞けるか」とか「女が何言っているんだ」など議員の属性に関する思考を議論の場に持ち出すことは「自分は市民意見を軽んじています」と表明しているに等しいということに気づいてもらいたいものです。

先輩の意見を聞き入れるのは後輩の役目かもしれないけれど議員の役目じゃないわね。

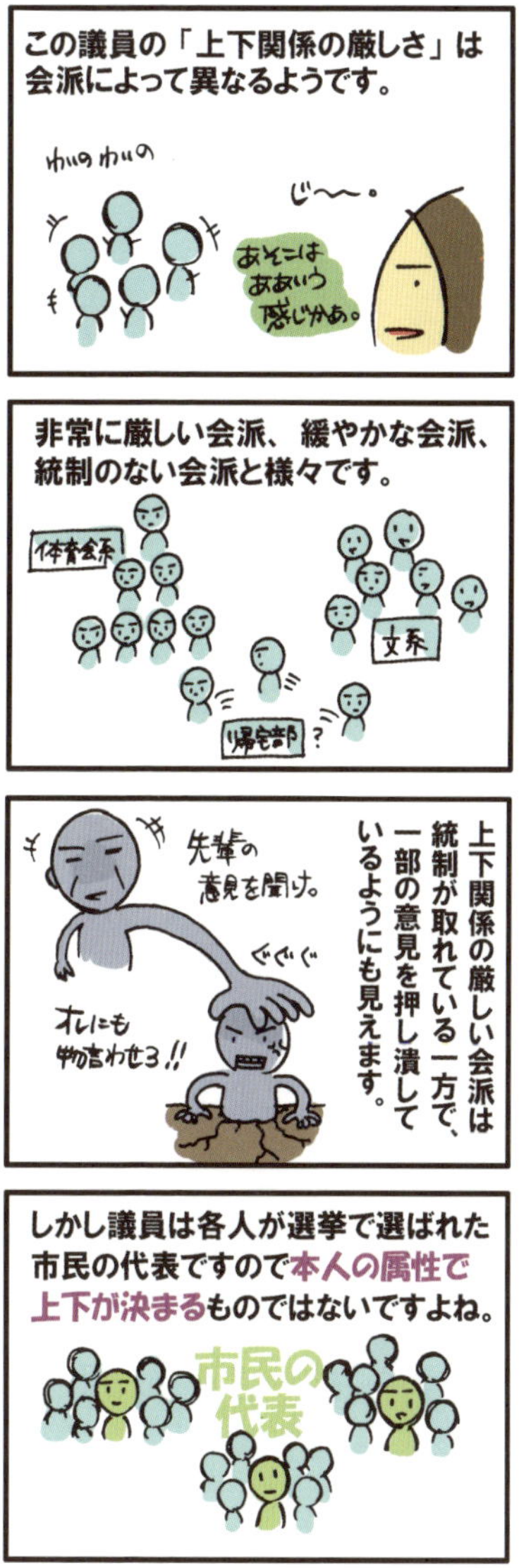
この議員の「上下関係の厳しさ」は会派によって異なるようです。
わいのわいの
じ〜〜。
あそこはああいう感じかあ。
非常に厳しい会派、緩やかな会派、統制のない会派と様々です。
体育会系
文系
帰宅部
?
上下関係の厳しい会派は統制が取れている一方で、一部の意見を押し潰しているようにも見えます。
先輩の意見を聞け。
ぐぐぐ
オレにも物言わせろ!!
しかし議員は各人が選挙で選ばれた市民の代表ですので本人の属性で上下が決まるものではないですよね。
市民の代表

女性議員がカラフルなワケ

原色のカラフルなスーツを身にまとっている女性議員って多いですよね。「その服、どこで買っているのだろうか？」と不思議に思います。

「なぜ女性議員は派手な色の服を着るのか？」それにはいくつかの理由があります。

一番の目的は**自分を印象づけるため**。地味な色よりも派手な色の方が目立ちますし、印象にも残ります。パーソナルカラーを決めていて、基本「赤しか着ない」「青しか着ない」といった議員もおります。大御所になると、自分の色を他の議員に着させない方もいるとか。赤西、青山、緑川といった名前であればパーソナルカラーは決まったようなものです、**名前**と**色**がリンクするのでさらに印象を強くすることができますよね。

それから**派手な色を着ても許される環境である**ということもあるでしょう。ビジネスシーンでは、女性でも真っ赤とか真っ青の服を着ることはなかなかできません。だから、もともと色の服が好きでも、着ることはしません。男性議員が派手な色の服を着ないのは、この理由です。日本で、真っ赤なスーツや真っ青のジャケットを着ている男性議員がいたとしましょう。多分、めちゃくちゃ怪しまれ

ます（笑）。ですから、男物のカラフルスーツが社会的に容認されるようになれば、男性議員もカラフルになるに違いありません。

最後は、何となく。この環境にいると、派手な色を着た方がいいような気がしてきます。私はもともと地味な色しか着なかったのですが、この環境に触発されたのか、最近派手な色の服が気になるようになってきました。この漫画と同じように、全身黄色になる日も近いかも⁇

つまり、派手な色を着た方が目立つし印象に残るからってことね。

喜んでもらえているの？

議員になると、市内の式典に来賓として招待される機会が多くあります。成人式はもとより、協会や市内団体等の表彰式や大会などなど。招待された以上はこれも公務の一環と考え、なるべく出席するようにしております。実際、招待された式典を欠席する議員はほとんどおりませんし……。

そして大体の場合、国会議員や県会議員も招待されるため、市議会議員も合わせ総勢数十人の議員が壇上に会することになります。さて、そんな式典で我々議員が何をするかというと、椅子に座って市長や協会の会長の挨拶を黙って聞いているだけです。

議員紹介もありますが、何せ数十人もおりますから、一人ずつ名前を呼ばれて「おめでとうございます！」と一言言って座る、これを何十人も繰り返します。一人五秒程度ですが、八〇人だと四〇〇秒なので六分ちょっと、結構長いですね。会場にいる方々には、議員が来賓としてこうした形で壇上にいることに喜んでもらえているんだろうか……、と式典で壇上に上がるたびに考えてしまいます。

一月半ばに行われる成人式では市内の二〇歳になる若者たちを前に壇上から、恒例の「おめでとうございます！」をやりましたが、本当は二〇歳になる新成人たちが主役なのに、壇上に上がるのは主

催者である川崎市の面々と来賓である我々議員で、スポットライトを浴びているのも壇上の我々です。主役の扱いが違うのではないかなあ？　といつも違和感を覚えております。式典は一部と二部に分かれており、一部の来賓の言葉&挨拶が終わり、我々が壇上から去った後の二部はお笑い芸人のライブでした。こっちの方に参加したかったわ（笑）。

壇上で一言あいさつして帰る仕事よ。これで喜んでもらえるのかしら？

成人の日を祝う集い
@等々力アリーナ
市議会議員は来賓として式典に参加します
成人の日を祝うつどい
式典では、市長はじめ来賓の挨拶が続きます。
えー。ただいまご紹介にあずかりました
議員は順番に名前を呼ばれ、その場で一言挨拶して座ります。
式典参加はだいたいこんな感じ。
市議会議員オダリエコさまー
はいっ。おめでとうございます！
ガタッ
と言って座る。
時間にして5秒。

それってどこ目線？①

こうした式典以外にも、どこかで様々な行事や、イベントなどが行われております。地元の議員もこうしたイベントに招待されますが、私も招待を受けた限りは、なるべく足を運ぶようにしております。地域イベントはとにかく毎日どこかで行われているものでして、地域の老人会や婦人会、子ども会のイベントやスポーツ大会などからも声がかかったりします。

その中で必ずと言っていいほど「来賓挨拶」なるものが設けられておりまして、これは子どものスポーツイベントなども例外ではありません。

例えば少年野球大会の開会式では、子どもたち全員をグラウンドに立たせた状態で、何人もの人間が来賓挨拶を行います。国会議員、県会議員、市議会議員、○○会の会長など一〇名以上が次々と挨拶を行うのですが、挨拶だけで三〇分近くかかることもあります。その間、子どもたちはおとなしく静かに挨拶を聞いてくれています。何ていい子たち！（涙）

でもきっと退屈だろうなー、早く終わらせてほしいんだろうなー、と思っています。

また、炎天下のグラウンドで行われることも多く、子どもたちを長時間立たせたままでいるのも心配です。

ですから私が子どもたちの前で挨拶する場合には**なるべく短く**をモットーにしております。「おめでとうー！　怪我のないように頑張って！」程度です。
招待する主催者の立場で考えると、来賓として呼んだ以上、挨拶をしてもらわないと失礼に当たると考えるのでしょうが、この延々と続く挨拶、実は呼ぶ側も呼ばれる側も誰も喜んでいないのではないか？　と考えることもあります。

せめて子どものイベントでは来賓挨拶を延々と続けるのはやめた方がよいと思うわ。

それってどこ目線？ ②

さて、そんな来賓挨拶ですが、「長い」という点以外に、もう一つ気になる点が。

子ども目線で挨拶を行う人って多くはないんですよね。挨拶の中身は子ども向けだったとしても、何と言うか……説教くさいのです。例えば、ある少年野球大会の開会式での来賓挨拶を例に挙げると、

- 君たちが野球をできるのは大人のお陰だから感謝するように
- 君たちが野球できるようにサポートするのは大変
- 野球をする人間が減ってきている。昔の半分になっちゃった
- 野球より他の習い事が人気
- 野球チームを維持するのが大変

各人の挨拶を聞いている分には、別におかしなところは何もないのです。

しかし、畳みかけるように皆が続けて説教または野球人気の低迷について話す形になったものですから「……これって、子どもたちのモチベーション下げてない⁇」とひやひやしてしまいました。

子ども目線に立って考えた場合、来賓挨拶をなくしてもよいのではないかと。もしくはせめて時間を短く＋楽しくなるような内容にできないものかな、と思っております。

スポーツ大会の場合、いっそのこと準備運動しながら挨拶を聞くというのはどうでしょう？

少年野球チームは、子どもの数が減ってきており、チーム数が最盛期の半分近くまで減少しております。会合のたび、大会のたびに誰かがそのことを話題に上げます。しかし、危機感を募らせるだけでそれ以上の話題には至りません。そんなことより「どうやったら今いる子どもたちがもっと野球を楽しんでもらえるだろうか」という話をできるとよいのですけどね。

チーム数が減っているという危機感の共有は大人だけでやればいいんじゃないの？

子どもたちはオトナの挨拶を立ったまま静かに聞き入ります。
変哲のない各人の挨拶ですが
仕事がある大人は君たちの指導とか大変 君たちが野球ができるのはご両親と関係者のおかげ。感謝しましょ
ネガティブな話が続くと、
少年野球チーム数がどんどん減少している。なんと20年前の半分。野球をする子どもが減っている。
モチベーション下げているようにしか聞こえませんでした（涙）
価値観が多様化しており、ダンスなど他の習い事に流れている 野球人気が低下

着けるべきか、着けないべきか、それが問題だ

「私は議員です」と言う人がいて、じゃあその場でそれを証明するモノは何かと言えば「議員記章」いわゆる議員バッジということになりましょうか?

会社員や公務員の場合、最近はセキュリティ意識の高まりからネームプレートを首から下げることが義務づけられている場合が多いですよね。そうでないとオフィスに入れなかったり。議員の場合、それが議員バッジになります。

国会議員の場合は、議員記章を着用していないと議場に入れないようですが、地方議員の場合は着用義務のあるところとないところがあります。

議員記章、よく見ると裏に「USA」と刻印されています。USAの文字と、周囲に小さい文字でシリアル番号のようなものがあるだけです。made inとは記されていません。

調べたところ留め金の特許を米国が保持しているからだそうで、何とも紛らわしい。

さて、この議員バッジ、かなり大きくて着用すると目立ちます。このバッジ、威圧的な感じがしてあまり好きではなかったので、最初のころは小さな略章ばかりつけていました(真ん中の金色のところだけの小さなバッジ(略章)があります)。

しかし略章だと「そのバッジは何か？」と聞かれることが多かったので、最近は本章を着けることが多くなりました。

この議員バッジ、私は公務の際の身分証明のようなものと捉えておりますので、その公務が終われば外してしまいます。しかし中には、議員バッジを飲食店などで見せびらかすのが趣味という人もいるらしく、扱いについてはまさに人それぞれです。

議員になることを「バッジを着ける」と言うし、議員バッジは議員の証とも言えるわね。

議員バッジって何のためにあるの？って思ったことはありませんか？
この秋はこれで決まり
これひとつあれば
コーディネートが決まる
議員バッジ
●正式名称：議員記章
●全三種類
●参考価格¥6,000
本会議場などでは基本着用ですが、
いや・・迷子ではないです。ほら・・議員バッチつけてますし。
COOL BIZ
時代はクールビズ
●開襟シャツ:¥8,000
●ブレスレット:¥12,000
●ネックレス:¥36,000
現在クールビズのため着用していない議員も多くおります。

私はこのバッジは公務の際の身分証明のようなモノだと考えているので
しまいっと。

市議としての仕事が終わるとすぐに外して小袋にしまいます。

中には飲み屋でバッジを見せびらかすのが趣味、と言ってはばからない人もいるらしく、まさに人それぞれ。

あ、これ？議員バッヂ。え？すぐ分かった？ギインだって分かっちゃう？

議員はなぜガッツポーズで写真を撮るのか

政治家の写真で「ガッツポーズを取っている姿」をよく見かけませんか？

ホームページやSNSなどのプロフィール写真でガッツポーズを取ってる人が多いのが気になります。実は、私、このポーズがあまり好きではありません。いかにも「政治家でございます」という感じがしてうさんくさ……何でもないです。しかし、最近の若手で政策通と言われている議員の方々の写真を見ると、自然なポーズで写っている人が多く、あまりガッツポーズ取っていないんですよね。

まあ、政策通か否かに直接関係はないと思いますが……。

議員をやっていると、自分の写真を色々な媒体に載せる必要があります。私もカメラマンにお願いして写真を撮ってもらう機会がありました。その撮影の際、カメラマンに言われたのです。「じゃあ、次は、ガッツポーズ取ってください」と。

あ、そういうことなのね！　と理解しました。

で、私も取りましたよ、ガッツポーズ。

しかし仕上がりを見て、「ひゃー」てなったので使っていません。

ガッツポーズをする自分の姿は、しっくりきませんでした。普通の人間が普通の生活の中で普通の

感覚で仕事しているのが自分の姿だろうと思ったもので。自分の写真を眺めていると、少しだけ自分を客観視できるような気がします。

ということで「ガッツポーズを取っている人が多いのは、カメラマンに指示されているから」ということで納得。あ、ろくろも回したことあります。「じゃあ次はろくろ回しましょう」って言われ、エアろくろを回している写真もばっちり撮りました。

聞きたいのだけど、そもそも「ガッツポーズの写真」って、印象良く見えるの？

ちょっと
気になっていること。
政治家の写真は
どうしてみんな
ガッツポーズなのか
ということ。
何だか、うさんくさ・・・
いや、何でもないです。
私の facebook の
もしかしてお友達？欄なんて
ガッツポーズだらけなんですけど。
ビジネス界は
ろくろ回すのが
好きですよね。
ろくろを回しながら
最先端テクノロジーを
語る若手実業家の図

内輪ネタで盛り上がる

私は、「そうだ、選挙出よう」と地方議会議員に立候補を考えるようになる前は、政治とか自治体とか公共政策にまったく興味なかったんですよね。興味がないと言うよりも、存在すら認識していなかったと言った方がよいかもしれません。それでも選挙だけは欠かさず行っていましたけど。

そんな自分が地方議員になったわけですから、自分の経験からも「そもそも多くの市民には、地方議会は存在を認識すらされていない」ことを前提に活動しないといけないなぁ、と考えたわけです。

で、それを何とかしようと思いついた方法の一つが「漫画で伝える」ことでした。とはいえ、今まで漫画なんて描いたことありませんので、結構大変でした。動きのある絵って難しいんですよね。椅子に座る人とか自転車に乗る人とか、握手している人とか、真っ白な紙の上に「さあ描こう」と思っても描けるものではなく……。

苦労した甲斐あって、そこそこの方に見てもらっているようなのですが、ちょっと困ったことが。これ、市民の方に議員や議会がどんなことしているのかを知ってもらうために描いてますが、どうも、市の職員が多く見ているみたいなんですよね。

職員の方に「ブログ見てます♪」と言ってもらうのは嬉しいのですが、ターゲットは一般市民なのでメイン読者が市の職員であるというのは当初の目的を達成していないわけでして。

内輪ネタは、皆興味があるところですので致し方ない部分もありますが、職員に苦言を呈する回もあったりするので、正直描きづらいです。

ちなみに文章のブログもやっていますが、アクセス数がケタ違いです。情報量はあちらの方が多いのですけどね（涙）。

「いつも顔のドアップばかり描いているじゃない」は禁句よっ！

市民に議会とか行政に興味を持ってもらうためにはどうしたらよいか考えた結果、
だって私もまったく興味なかったし。
マンガを描き始めました。
「自転車に乗る人」とか、「イスに座る人」なんて描けない。難しすぎるわっ！
漫画なんて描くの初めてだったのでこれが結構大変でした。
お陰様でそこそこのアクセスがあったりするのですが、
思うに
多分その大半が市役所職員じゃないか
と踏んでます。
やりづらいわ！！

馴れ合いの果てに

我々議員は、周囲の人間から「先生」と呼ばれます。老いも若きも一期生も七期生も「センセイ」呼ばわりです。最初はセンセイと呼ばれて戸惑いましたね。だって、議員になる前となった後の自分は何も変わらないのに周囲の扱いだけが変わるのですから。

議員になった当時、先輩議員から「先生と呼ばれることに慣れてはいけないよ」というアドバイスを頂いたことがあります。この環境に慣れて、自分を先生だと思い始めたらお終いだと。

……さて、それから四年近くが経ちますが、やはり今でも「先生」と呼ばれることには違和感があります。しかし、もっと変だなと思っているのは議員同士がお互いを先生と呼び合うことです。

一番初めに先輩議員から「小田先生は……」と話しかけられた時はビックリ仰天でした。「え、お互いに先生って呼び合うものなの？」と。

色々聞いてみると、これが慣習のようでして、しかも先生と呼ばないと気分を害する議員もいるとか。うーーーーん。

しかし、こんな内輪の呼び方のことで波風立てて政策実施にあたっての障害となる方が問題だと考えまして、私も「○○先生」と呼んでおります。はい。馴れ合いですね。面目ないです。

外から見たら「それ変じゃない？」という、組織や場の慣習や風土ってありますよね。こうして環境は維持されていくのだな、と身をもって体感すると同時に維持する側に回っている自分が嫌だったりします。

地方議員の常識が疑われるような事件が続いておりますが、多かれ少なかれ**それが許される環境に慣らされている**という背景がある気がしています。

人は環境に慣れる生き物だとつくづく思うわ。慣れると初心を忘れたりするのよ。

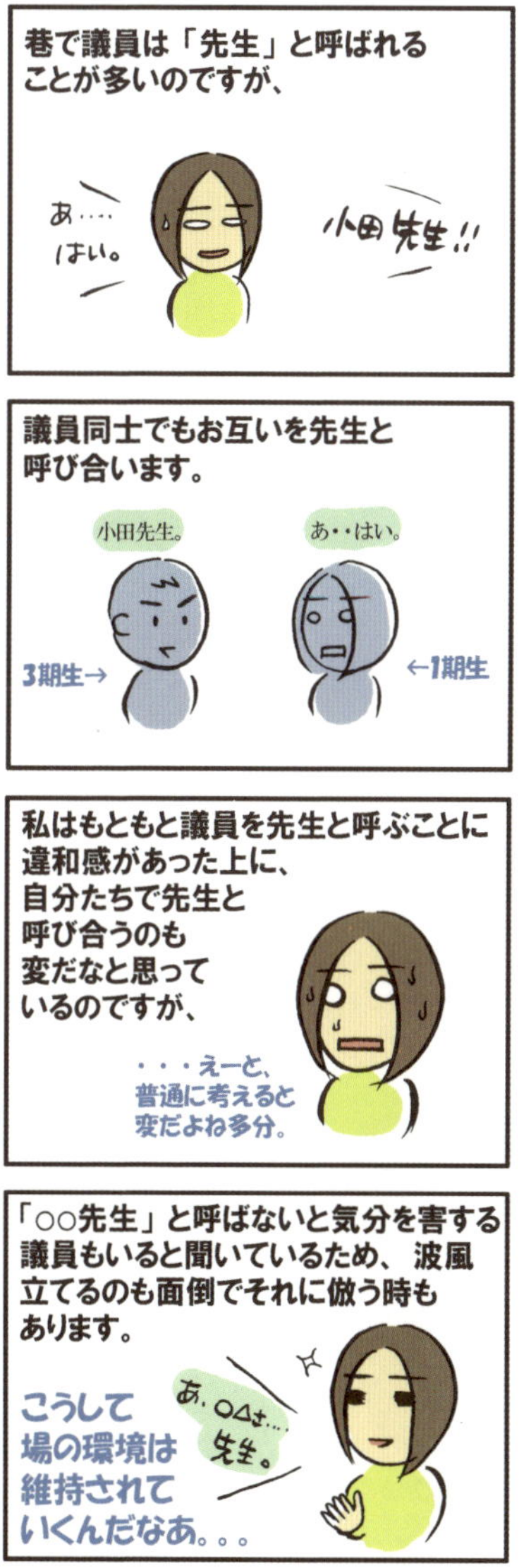

巷で議員は「先生」と呼ばれることが多いのですが、
小田先生!!
あ…はい。
議員同士でもお互いを先生と呼び合います。
小田先生。
あ・・はい。
3期生→
←1期生
私はもともと議員を先生と呼ぶことに違和感があった上に、自分たちで先生と呼び合うのも変だなと思っているのですが、
・・・えーと、普通に考えると変だよね多分。
「○○先生」と呼ばないと気分を害する議員もいると聞いているため、波風立てるのも面倒でそれに倣う時もあります。
あ、○△さ…先生。
こうして場の環境は維持されていくんだなあ。。。

環境が人をつくる？①

最近地方議会の常識が疑われるような事件が続いていますが、多かれ少なかれ**それが許される環境があって、それに慣らされているという**背景がある気がします。人は環境に慣れ、順応する力の強い生き物なんだと思います。

どんな過酷な環境でも生き残ってこられたのは、この**慣れる**という人間の強み故なのか？　と考えたりもします。

二〇一一年の市議会議員選挙で初当選して市議会議員となったのは、私を含めて一五名。全体の二五％が新人という形で今期の議会はスタートしました。

初議会・初質問は本当に緊張したものです。議場に入るだけでドキドキしましたし、一般質問を行うのにも手に汗をかき、震えながら登壇した記憶があります。それは周りの同期も同じで、皆で「緊張した〜！」と話し合ったものです。

……それから四年弱。月日の経つのは早いものですね。本会議を何度も経験し、今では色々なことに慣れました。質問するのにそこまで緊張することもなくなりましたし、議会運営に関する段取りもだいぶスムーズにこなせるようになりました。まさに**慣れた**わけです。

そうそう「慣れるのも考えものだな」と思ったのが、当初はあれだけ緊張していた同期の中でも議場で緊張感を失うどころか、議場で寝る人間が出てきたということでしょうか。

中には起きている時間の方が短いのでは？　という議員も出る始末。

本会議中は他の議員の質問を聞くことで行政の動きを追うことができますし、新たな施策の提案など勉強になることも多いのです。この時間を無為に過ごす議員は初心を忘れたと言ってよいでしょう。

最初のころとぜんぜん違ってぐっすり寝ている議員を見ると腹立つわ。

2011年の選挙で初当選し議員になった人間は15名おりますが、
ピカピカの議員1年生
初議会・初質問では皆ギチギチに緊張したものです。
汗びっしょり
あばばばば
月日は流れ・・あれから4年近くが経ち、
3月
6月
9月
12月
3月
皆、慣れました。
んごぉ〜
慣れすぎでしょ。
人は環境に適応する生き物だから

環境が人をつくる？②

私のいる市議会の本会議では一般質問の時間が四日間あります。ここでは議長・副議長を除く全員が一般質問を行うことが可能です。一般質問では質問者と答弁者以外は発言は認められておりませんので、朝の一〇時から一七時過ぎまでずっと座って聞いているだけの日が四日間続くわけです（ちなみに議員一人に与えられる時間は三〇分です（努力目標時間））。

そういうわけ？　で議員や答弁のない局長の中には、寝ている方も多くおります。特に昼休憩明けの一三時から一四時ごろは議場の空気が寝ています。私の議席は最前列のため議員席の三分の二ほどしか見渡すことができませんので正確な割合までは分かりませんが……。

そんなですから、当初はあれだけ緊張して議会に臨み「絶対に寝るんじゃないぞ」などと言っていた議員ですら、この環境に適応して、議場で寝るようになってしまったのです。

二〇一一年に初めて議員になった一期生たち。時間の経過とともに、私も含め皆、議会に慣れました。この市議会の環境に適応したと言ってもよいでしょう。本会議中に議場で寝る人が多かったため、一期生の中でも寝る人間が出てきました。しかし、野次はまったくと言ってよいほどないため、一期生も野次りません。

例えばこれが、本議会中誰一人として寝ない議会であったらどうでしょう？　一期生の中で寝る議員も出なかったのではないかと思うのです。

こうした経験から思うところがあります。

人は「環境に適応する生き物」であって、それが外から見たらおかしいと感じる習慣であったとしても「中にいるとその感度は鈍っていく」のではないかと。

議場で寝ても許される環境が新人にも受け継がれていくのよ。

議会中は先輩議員方や局長もお寝になられている方が多くいらっしゃるので
おやすみTIME
特に午後1時から2時ごろがもうねぇ。
当初はこんなこと言っていた議員も
議場で絶対寝るんじゃないぞ！！
今、こんなんだったりします。
う～ん むにゃむにゃ
あの時のセリフは何だったんだ・・
議場での態度は後輩にも脈々と受け継がれていくわけです。
だって人は環境に適応する生き物だから

環境が人をつくる？③

ですから……ある議員が一般常識からは「ちょっとどうなの？」と思うような行動を取ったとしましょう。もちろん、その議員個人の資質によるところが大きいのですが、一方でその議員を取り巻く環境が一般常識とはかけ離れている可能性もあります。

私たち議員は、常にその可能性について考えを巡らせておくべきではないでしょうか。

長いことその環境の中にいる人間は、その環境に適応し同化してしまうため、外から見たらおかしいと思う習慣が一向に改善されないことはよくあります。議会もそうした社会の一つですが、企業などとは違い、人の出入りが極端に少ないため自浄作用が働きにくい業界であると感じています。

地方議員や衆議院議員は四年間、参議院議員は三年間、中の人が変わりませんし（参議院議員の任期は六年ですが三年ごとに半数が改選されます）、新しく入ってくる人間も議員二世だったり元秘書だったりと、**もともと中の人**が多数を占めます。

また、大人になると面と向かって「あなたのここは良くないと思う」などという指摘を受けることはほとんどなくなります。言われて素直に「ああ、そうか。反省しないと」と考える大人って少ないと思うのですよね。たとえ正論でもムッとしちゃいませんか？

ましてや議員センセーに直接ダメ出しをしてくれる**外の人間**はなかなかいません。いや、ほとんどいないと言ってよいでしょう。

一般の人で普段から地方議会に興味がある人ってホントに少ないと思うのです。

ということで、外の人間との交流が少ない上に外からの指摘を受けにくい議会という社会は**タコツボ化**もしくは**ガラパゴス化**しやすいのです。

議員にダメ出ししてくれる人間なんて、ほとんどいないわ。

都議会の野次が物議をかもした「議場での野次」ですが、
んな訳ないだろー
このやろー
うちの議会では野次はほとんどありません（ほぼゼロと言ってよいくらいです）
しーーーーん。
皆黙って聞いています。
もしこれが野次の多い議会だったら
ほら、お前もヤジれ。
ひっこめー
こらー
一期生も野次を飛ばすようになっていたかもしれません。
人は環境に適応する生き物だから、「今いる環境がその人をつくる」という一面もあるのではないか？と考えています。
その議会に適応するよう自己改造してしまう

環境が人をつくる？④

……そんな中に何十年といてみてください、これはもう独自の進化を遂げていてもおかしくないわけです。会社勤めや自営業などの社会経験が少ないままでこの業界に入って、そこから二〇年経った人間を想像してみてくれますか？　政治の世界はそういう人が多数を占めており、そういう人が世の中の大事なことを決めているのです。

長いことその環境の中にいる人間はその環境に適応し同化してしまいます。

普通の会社員から議員になって四年弱、これまで自分の価値観や正義感がおかしくなりそうだと感じたことは数えきれません。今まで立っていた足元が少しずつ変化していくことを実感しつつ、実はすでに自分が以前とは違う人間になっているのではないか？　この業界の価値観にどっぷり浸かって元の世界には戻れないのではないか？　と怯える日々です。

異端者として周囲に理解されないという孤独を感じながら日常を過ごすのは辛いことですが、最初にここに来て覚えた違和感を知覚しなくなった時、私が議員でいる意味などなくなるのでしょう。

さて、ここ最近は、議場での野次問題や、政務活動費の不自然な支出などの地方議員の不祥事が相次ぎました。世間でも大きな話題となり、これほどまでに地方議会が一般市民から注目を浴びたのは初めてではないかと思うほどです。

これを他山の石とするのか、自分たちは大丈夫か？　一般市民から見ておかしなところはないだろうか？　と己を省みるのかは、議員それぞれでしょう。

個人的にはできれば全国の地方議員がこれを機に議会の自浄作用について考えてみてくれるといいなと思います。

今この瞬間が地方議会の転換期なのかもしれませんから。

議員は世間とのギャップを気にしながら常に自戒し続けるしかないんじゃないかしら？

自分の行動を咎められ素直に反省できる人間は少ないです。
ぶじょくするのかー!!
許せーん!!
むしろ反発することの方が多いかも。
大人になると直接「それはおかしい」と指摘される機会はほとんどなくなります。
それはダメだよな。
センセーに意見などすれば恨みを買うだけ。
特に職員や後輩議員からは無理かも!?
議会はただでさえ狭い村社会。おらが村の慣習や常識が世間一般の非常識となる危険性は高いので
議員村
役人村
支援者村
業界団体村
世間一般村
私たち議員は自分で自分の行動や言動を戒めながら生きていく必要があるのでは？と思っています。
全国でウチだけ？
議会のヤジがさ～
えっ!!

ここが変だよ地方議会

質問でーす①

議場で議員が「これは一体どういうことなんですかっ?」などと言って市長を追及する。議会と聞いてイメージするのが、この**一般質問**なのではないでしょうか?

本会議場の中でそれぞれの議員が一人ずつ質問を行うことがあります。これを一般質問と言います。**一般質問とは**個々の議員が市政全般にわたって執行機関に対して事務の執行状況や方針、計画等について質問することを言います。

私が在籍している市議会では六月及び一二月の定例会において各四日間実施しておりまして、議員が質問を行い、行政側がこれに回答するという形式で行っております。

しかし、この質問と回答は、事前にすり合わせを行っており、ほとんど台本が出来上がった形で質問に臨むケースがほとんどなのです。この議員が質問を行政に渡し、行政がそれに対する回答を作成する。その作業の中でお互いの考えを確認したり質問や答弁の内容をすり合わせをすることを「答弁調整」と呼びます。

ということで、議会質問に先立ち「答弁調整」なるものが行われ、質問と回答の原稿が出来上がるわけです。

そう聞くと「何だ、議会のあのやり取りは茶番なの？」と思う人もいるかもしれませんね。

一般質問の運営方法や、答弁調整をする／しない、どの程度まで調整するのかなどは、各自治体の議会によって異なります。議会の運営ルールはそれぞれの議会で自主的に決めるからです。しかし答弁調整を行わない議会はほとんどないと思います。

議会で議員が質問するでしょ？　あれ、事前に台本が作ってあるのよ～。

テレビやネットなどで議員が質問を行っている場面、見かけますよね。
質問です！
議員が行政に対して鋭く追及したりするアレですが、
どーなんですか！
実は事前にお互いの質問と回答の原稿ができてたりします。
僕がこう質問して
私がこう答える
とはいえ、誰かから貰った台本を読んでいるわけではありません。
ん．今回の台本．
わかりましたカントクー．
台本
一応自分で書いてます。

質問でーす②

さて、この議会質問に先立ち行われる**答弁調整**。実施することについては賛否両論です。

答弁調整とは、事前に質問内容を通告して、その代わりしっかりとした答弁を引き出すために行われます。ですからお互いの台本を一言一句書き上げるというものではないと思っております。がしかし行政側は「てにをは」まできっちり作り込んできて、議会ではその原稿をそのまま読み上げるんですよね。

さて、この「答弁調整」には批判もあります。

あらかじめ質問と答弁（回答）をすり合わせることが「八百長」や「学芸会」であるとの批判。議会に緊張感がなく、議論が活性化しない、との批判などです。また、行政と癒着した議員が自分の利益誘導のために都合の良い答弁を書かせるといったことも可能です。

私も最初のころは、このお互いに原稿を読み合う時間が苦痛で仕方がなかったです。もっと活発な議論を行うためには答弁調整はしない方がよいのではないか？　と考えることもあります。

一方、答弁調整をまったく行わなかったとしましょう。その場合、質問を行っても満足に答弁が返ってこず実のないまま終わってしまったり、途中で話が脱線して最初と最後でテーマが違ってしまったりということが考えられます。

ここの場合、一般質問での各人の持ち時間は三〇分。この三〇分でなるべく沢山の質問をして、なるべく実りある答弁を貫いたいと皆考えているはずです。

さてさて、そういうわけで皆様、「答弁調整」は必要だと思いますか？

それとも廃止すべきだと思いますか？

答弁調整にはメリットとデメリット両方あるのよね。

まずデメリット。お互い原稿を読み上げる形で質問は進みます。
行政側は一文字違わず原稿を読みます。（議員はアドリブあり）
下向いて原稿棒読みするの図
原稿を読み合っているだけなので議会に緊張感がありません。
これが眠くなるのなんのって
きょくちょうはラリホーをとなえた
また、棒読みされる内容を聞き取るためには大変集中力を要します。
寝るな〜集中だ〜!!
ガシガシ
そのため両者ともに寝る人が続出です。
味方は眠っている。
…ですよね。

質問でーす③

議場での一般質問ですが、行政側は台本をきっちり作り込んできて、議場の答弁の際には一言一句違わず読み上げます。

しかし、原稿を読み上げるため棒読みになりがちです。これは聞いていて辛いですよ〜。集中しないと内容が頭に入ってこないですからね。しかも原稿から顔を上げない人の多いので答弁者の表情も分からないのです。

「質問者の方を一度も見ないで答弁するのはどうかと思う」とは、とある議員の弁。

定例会の中で、こちらを見回しながら答弁してくれる行政側の方は私の見ている限りでは一割もいないです。

一方の議員側は、原稿をきっちり作る人とざっくりの人がいます。

原稿はあるのでしょうが、それを感じさせないほどに抑揚つけて臨場感たっぷりに話す議員もいて素直にすごいな〜と感心します。

また、質問の合間に感想や意見要望を述べたりするのですが、それはアドリブが結構入ります。

また、通告なしでいきなり質問を行う議員もいます。

その場合、行政側もその場で答弁するのですが、その場合は顔を上げて棒読みではないので「あ、通告なしで聞かれている」と分かります（笑）。
そうした原稿なしのやり取りの方が聞いている方は分かりやすいし、内容が頭に入ってくるんですよね。

結局どんな仕組みもどういう運用をするのかで良くも悪くもなるってことよね。

答弁調整には
メリットもあります。
質問
回答
事前に質問と回答のすり合わせを行うことでお互いの意見の齟齬を防ぐことができます。
この質問ですが、こういう意図でこう聞いています。
ああ、そういう意味ですか。では回答を修正します。
START
質問と回答がかみ合わなかったり、回答を貰えないということなく
GOAL
START
持ち時間を有効に使い質問と回答がまっすぐ一本道で進めることができるのです。
GOAL

一般質問で分かること

一般質問は、議員個人が質問をして行政がそれに回答をするというやり取りを交わすものです。議員一人ひとりが質問に立つので、「私はこれを質問しました！」とアピールしやすく、一般質問はある意味、各議員の見せ場・ひのき舞台とも言えます。

それだけに、何年も同じ議員の一般質問を聞いていると、その議員が市政に対してどういう考えを持っているのか、どういう政策を実現したいのかなどが見えてくるものです。

一般質問は政策協議の一種ですから、その議員の政策的な力量も見えてきます。ですので、議会の中でも**政策に明るい議員**と**そうでない議員**は何となく分かってきてしまうのです。

当然、行政も一般質問を聞いております。議場にいる市長や局長だけでなく、各局の部長や課長も自席で各議員の質問を聞いていたりします。

行政は常に議員の力量を測って対応を変えてきますので「ダメ議員」と思われたらお終いです。相手にされなくなります。

大御所や大会派所属議員であればともかく、弱小会派・一期生議員は、とにかく一般質問は手を抜けないのです。

ところで、議員の中には一般質問をまったく行わない人もおります。「そういえばこの人、質問に立ったところ見たことないわ！」という議員がいることに気づいたときは愕然としました。質問は権利であって義務ではありませんが、市民から負託を受けて議員になった以上は責務だと思いますよ！

質問しない議員は給料下げてもいいと思うわっ！

一般質問で取り上げる内容は自分が追いかけている政策や地域要望への対応など議員の考え方が表れます。
一般質問はそういう意味では各議員の見せ場でもあります。
質問を毎回聞いているとその議員がどういう考えや主張を持っているのか
市政や地域に対してどういうスタンスなのかが分かりますし
議員の力量も分かってきます。
530000
な…。
戦闘力53万だと…!!

究極のアウトソーシング？

さて、この一般質問ですが、質問を練り上げるのはかなり骨の折れる作業です。

我々議員の主な仕事は、行政のチェックと議員立法も含めた政策提案です。行政が行っているあらゆる分野の政策についてそれが適切に行われているのかどうか、さらにはその施策が必要なのかどうかをチェックし、課題が見つかれば議会で行政側を問いただし改善を求めます。また、今後必要であると考える施策の提案を行ったり、条例案の提示を行ったりもします。

それを行う場の一つが議会質問です。ですから、質問を行うためには、まずは綿密な調査が必要となります。市の施策の調査、財務状況の調査、現場の運用実態の調査、市民のニーズの調査、他都市の実施状況の調査などなど。

議会は年四回ですが、その合間はひたすら調査と勉強を行っているのが実情です。市内外の視察や住民へのヒアリングもしょっちゅうです。このようにして日々政務調査を行った結果、その一部を質問という形で政策提言するのです。

ホント大変ですが、それだけ市政に関して物申せる機会が与えられているわけですから、議員の本分として全力で取り組んでおります。

さて、そんな一般質問ですが、聞くところによると「行政に質問を作ってもらう議員」がいるらしいのです。それも地方議会ではよくある話とのこと。そういう方は、何のために質問するのでしょうね？　広報誌に「質問しました！」と掲載するため？　だとしたら情けない話です。「あ、これは職員が作成した質問だな」と分かるわけではないので、そういう議員がどの地方にどの程度存在するのかは分かりませんが、とりあえず一言。「仕事さぼっちゃダメ！」。

質問しない議員は「馬鹿者」だけど、質問を作らせる議員は「悪者」って感じがするわ。

以前、議会における「質問」について描きましたが、
ご質問について
どーなんであか
質問を練り上げるのは結構大変で、議会前は大忙しです。
膨大な調査を重ねて、その中から問題点や指摘提案事項を抽出したりします。
ですが、簡単に質問を作る方法があります。
レ、ンジで1分 議会質問
ささっと1問
質問の素
行政に質問を作ってもらうのです。
△○□の質問作って
分かりました。
△○□担当
ある意味
究極のアウトソーシング！

ホントは怖い答弁調整①

どうも行政は議員に議会で質問をされるのを嫌がる傾向にあります。

議会質問に先立ち、「今度の議会で質問をしようと思います」と告げるとあからさまに嫌な顔をされますし、その後「やはり今回は質問しないことにします」と告げると「ありがとうございます！」という返事が返ってきたこともあります（嘆息）。

自分の担当業務に関して色々突っ込まれるのが嫌なのだろうと、議員と打ち合わせしたり答弁書を作るのは時間がかかるし大変だからだろうな、推測しておりました。議員から質問を受けると、それがどんな内容でも真摯に答弁を返さないといけませんので、そのために質問する議員と答弁する局長両者を調整しながら答弁書を作成を行うことは当然ながら大変な作業です。

もちろん、我々議員だって大変です。答弁調整ともなると、こっちは一人ですが、職員側は時に一○名もの人数が一度にやってきて怒涛のように反論されることもあります。その攻撃を受け流しながら各個撃破していかねばならないのですよ？（笑）

まあ、そのために綿密な調査を行い、情報の積み重ねを行い、彼らにそれを認めさせるだけの論理の組み立てを行うのが通常です。

ところで、こうした通常の答弁調整での大変さとは別の「大変さ」を経験することもあるようです。

これは経験談として聞いた話ですが、相手に泣かれたり、怒鳴られたりすることもあるそうです。うわ、それは確かに面倒くさいですね。

また、自分の思う通りの答弁を貰うためなのでしょうか。夜中まで返して貰えないことがあったとのこと。これにはちょっとびっくりです。

それってほとんど軟禁だわね。残業手当は出るのかしら？

ホントは怖い答弁調整②

また、質問作成を丸投げされたりすることもあるそうです。これは「究極のアウトソーシング？」（四六ページ）で書いた通り日本全国にそういう議員がいると聞いていましたが「ああ、やっぱりここにもいるのか」とがっかりしました。それから答弁内容が気に入らなかったようで、原稿を投げて返されたこともあったそうです。

とまあ、答弁調整の中で職員は、色々大変な目にあうのだそう。そう聞くと、肉体的ばかりでなく、精神的にもハードな作業だな、と理解できますし、同情もします。ましてや、もともとが公務員志向の方というのは、基本「真面目」で「温厚」な方が多いので、相手にこうした態度を取られるだけで硬直してしまう方も多いのではないかと思います。それが「肉食獣」議員を相手にするのは、とてもおっかないことなのかもしれません。

職員からすると、議員と答弁調整するのは大変だとのことですが、職員と議員は、どっちが偉いとか偉くないとか、上とか下とかはないので、本来はもっと忌憚なく議論を交わした方がよいと思っております。私などは高圧的にならないように、むしろ腰を低く接しているつもりですが、そうなると今度は舐められてぞんざいな対応をされることもあって「一体どうすりゃいいの？」と思うことも

多々あります。

さて、こんな答弁調整ですが、大変なのは議員相手だけではないそうです。

議会質問に先立ち行われる答弁調整は、議員の質問（要望）に対し答弁（やる／やらない）を議会という公式の場で返答するための前準備、詰めの作業になります。

そして、その作業の主たる担当者はウチの市の場合は**課長**が受け持ちます。

欲しい答弁を引き出すため議員はあの手この手で攻めてくるということね。

質問を丸投げされたり
作ってー
白紙
あ…はい…。
答弁書を投げ返されたり
どっせーい
ぺちっ。
とかあって大変なんすよー。
わあ。すごいね
とか聞いてますけれども、本当かどうかは知りません
私 そんなんしないもん。
一応そう言っておかないと

ホントは怖い答弁調整③

そういうわけでこの答弁調整、課長が議員の質問の内容を確認し、答弁書を書き、部長や局長の確認・承認を経てから議員へ提出するというプロセスを経ます。

議員側からすれば、自分の要望は通したいのでなるべく良い答弁を引き出そうとします。

そのため、泣いたり怒ったり粘ったりする議員もいたりいなかったりするわけです。

職員側からすれば、できないことをやりますとは言えません。ゼロ回答を議員に納得してもらいたいと考えます。

で、課長は局長や部長から「お前行って、この答弁内容で納得してもらって来い」と言われるわけでして、課長は質問を行う議員を控室に訪ね、答弁書を渡します。答弁内容に納得いかない議員は不服を唱え、答弁書の修正を求めます。

課長は抵抗しますが、先述したような力技？　で押し切られることもあり、部長や局長にその旨を報告します。そして、上司たる部長や局長から「これで通して来いって言っただろうがぁ～!!!」とどやされることもあるそうな。まさに板挟みですね。

どこの世界も中間管理職は大変です(涙)。局長や部長にもおっかない人と優しい人がいますので、上がおっかない人だと、それは大変そうです。

といった苦労話を聞いているので、答弁調整の場で強く出るのが、ものすごくやりづらいです。とはいえ私も市民の負託を受けた議員ですから、通すところは頑張っていますが、あまり強硬な態度には出ないように気をつけています。

あれ、今この文章を書いていて気づいたのですが、もしかして私、職員にうまく丸め込まれてません？

答弁調整を担当する課長は議員と上司の板挟みなのね。

答弁書の作成は主に課長が受け持ちますので、
何だチミ。この答弁わ。
作り直してこいやー!!
はぁぁぁ
議員
議員と局との意見の調整も課長が行います。
飛ばすぞコラ。
これで通せって言っただろうが!
も1回行ってこいや。
ひぃぃぃ
局長・部長
議員と局長の間で板挟みになることも多く苦労している
直せー！
通せー！
ヒィイイイイーお助けー
とか聞かされるので「直して」と超言いづらいのですが・・・。
で、やってるんですぅ。
ふ、ふ〜ん。

三回転半は回ります

一般質問の答弁調整の中で、相手の局から「その質問だと、ウチの担当ではないので答えられません」と言って断られることがあります。

では別の局に、と持っていくと「それはウチじゃないです」と断られ、またまた別の局に持っていくと「これは、○○局ですよ？」と一周回って最初の局を指定されたりします。まさにたらい回し。

一般質問の答弁調整の際、最低一度はこのようなたらい回しにあいます。

どういう質問の際にたらい回されるのかというと、**市では実施していない施策**の質問や**各局バラバラでやっていたものを全庁横断的な実施を求める**質問を行うと、ほぼ一〇〇%こうなります。要するに「やってないことは担当じゃないから答えられません」「局をまたぐ案件は自分の局の案件ではないので答えられません」ということです。

今までの答弁調整の中で、それはもう、ぐるぐると回りました。

少なくとも三回転半は回ったので、トリプルアクセル成功です!!

こうなると、答弁調整時に怒鳴ったり泣いたりする議員の気持ち、分かっちゃいます。

しかし、最近はこうした案件への対応にも慣れてきました。

関係局を一度に呼んで同じテーブルについてもらい、「私は質問を「市」に対して行っているのであって、お答えいただく「局」はどこでも構わないので市で決めてください。決められないのであれば市長に直接お答えいただくまでです」と告げるだけです。あとは職員側が対応する局を決めてくれます。しかし後で「答弁したんだからお前の局で責任とって実施しろ」となるらしいんですよね。そりゃ、どこも答弁嫌がるはずです。

こっちで答える局を指定すること自体おかしい気がするわ。

答弁の語尾に注目

議員はその掲げる政策の実現のため、議会で行政に対しその実施を求める質問を行います。その間の行政と議員の攻防は今見てきた通りです。

それに対し、行政は、議会答弁で、やる／やらないについて公式に返事をするわけです。

さて、この行政の議会答弁ですが「実施できません」と発言することはほとんどありません。たいていの場合、別の表現を使ってきます。

これは答弁の語尾に注目すると分かりやすいです。

やる気順に、実施します→検討します→研究します→推移を見守ります、です。

「実施します」は、行政が議会でそう答弁したということは、ほぼ確実に実施するということです。この答弁を受けた場合は、どのように行うのか、いつ実施するのかという議論にシフトします。「検討します」は、前向きに実施の方向で考えているが、まだ具体的な詰めまでは行っていない状態です。この答弁を受けた議員は、次回以降の議会で「検討すると言っていたが現在の検討状況はどうなっているのか？」と突っ込んで聞いてきます。そのためむやみに検討しますとは言いません。

「研究します」は、多少興味はあるので情報収集くらいはしておこうという状態。「推移を見守ります」は、今はやる気も興味もないけれど環境が変わったら実施の方向で進めるかもしれないし、やりませんとはっきりいうのも角が立つので濁しておくか、という状況だと認識しております。

……まあ、「実施します」という言葉を聞くこともそんなにないのですが、「やる」とは明言せずにいつの間にか進めていたりしますので、侮れない。

議員に対して「実施します」と言いたくなくて質問を受け取った直後、先に市の広報で発表しちゃう自治体もあるらしいわよ。

行政答弁では「実施できない」とは言わずに遠まわしにお断りされます。
XOについて質問
XOについて答弁
くらえっっ!!
なんのこれしきっっ!!
「検討します」だと、
まあ、少しは考えてやってもいいけど
「研究します」だと、
あー。はいはい。そのうち考えるかもね。
「推移を見守ります」だと
やだね。
はっ。
という意味だと認識しております。

予想外を予想する

さて、今まで書いてきたように、本会議における質問と答弁は、どういった質問を行うのか、それに対する答弁はどういったものになるのかは議会と行政双方調整の上進められることが多いです。

しかし常任委員会はそうではありません。常任委員会とは、議会に設置される常設の委員会で、議員はどれか一つの委員会に所属します。ウチの市の場合**総務**、**市民**、**健康福祉**、**まちづくり**、**環境**の五つの委員会がありまして、そこで各委員会が担当する局の事業をチェックしたり市民からの請願や陳情を審査したりします。

常任委員会の場において、議員は事前通告を行わずに、その場で思いのままに質問や意見を投げます。それを受けとめる行政側はといいますと、準備なしのノーガードというわけにはいかないようでして、事前に準備をして委員会に臨みます。例えば、「こういう質問が来たら、こういう回答をする」という想定問答集を作成します。想定問答集の作り込み具合は案件によって異なるようですが、多い場合は一〇〇問以上作成したこともあるそうです。

また、それだけでは心配なのか、関連する職員はすべて委員会に出席させて、どんな質問へも対応できるよう万全の態勢で臨みます。多い時には一案件について二〇名を超える職員が委員会に出席することもあるんですよ〜。

この会議の一時間あたりの人件費いくらかかっているのか？　と考えちゃいます。

でも、そこまで準備したとしても、想定外の質問が飛んできて、その場で答えられない場合もあったりします。ある意味、委員会は本会議よりもざっくばらんに議論を行っておりますので、議員や行政の考えがよく分かります。


本会議より常任委員会の方が傍聴していて面白いかもしれないわね。

本会議とは違い、常任委員会での質疑は事前の答弁調整なしで行われます。

委員長
質問のある方〜

はいっ！

どんな質問が飛んでくるのか分からないため行政側は想定問答集を作成して委員会に臨みます。

ひとつのこらずやったるでぇ〜！

ひぃ〜

ひぃ〜

ガリガリ
案件によっては分厚い資料を作成し、関係する担当者をずらっと並べて議員対応に備えますが、
どーん。

想定問答100選
ずら〜。

20人近くになることもあります。

それでも、とんでもない方向の質問が飛んで来て答えられないこともあったりします。

何でなんで？

え…それは…

今そんなコト聞くか？？

説明というより朗読①

さて、このように職員は、想定問答集を作成し、関係者全員が出席して常任委員会に当たりますが、それだけではありません。委員会で事業などについての説明を行う場合は、その原稿まで作成しているのです。

この原稿のことを「読み原稿」、略して「ヨミゲン」と呼びます。

委員会に臨むに当たり議員側も事前に調査して当日確認すべき事項をまとめたりもしますが、せいぜい概要・箇条書き程度で、読み原稿までは作りません。そこまで時間をかける余裕なんてありませんし。……まあ、何人か秘書がいれば別ですが。

委員会で職員が説明を行う場合は、このヨミゲンを朗読します。これが、人によっては棒読みだったり文語だったりと、聞き取りに苦労することがあります。

このヨミゲン、きれいに印刷されたものを委員会出席の職員全員が持参していたり、中には説明者のだけカラー原稿で大事なところが赤文字になっていたりする局もあってかなり手間がかかっています。

常任委員会出席のため、行政職員は多大な時間をかけて準備を行います。ウチの常任委員会には時間制限がありませんので、長い時には職員も会議室に半日以上拘束されることがあります。二〇名出

席×会議時間でコストはかなりのものになります（自治体によって、委員会の発言時間が決まられていたり、少数会派は先に発言した大会派の発言時間を超えてはいけないなど様々なルールがあるところも）。

そこまで時間と手間をかけないといけないのかなあ……？　もう少し簡略化できないものなの？と思っています。

課長の議会対応にかける時間は、年間労働時間の何割くらいなのかしら？

委員会は本会議に比べガチンコ・出たとこ勝負の感が強いのですが、行政側はかなり準備をして臨んでいます。
想定問答100選
も、もちろん我々議員も準備してますからねっ。
説明を行う場合は説明用原稿を作成してそれを朗読します。この原稿のことを「読み原稿」略して「ヨミゲン」と呼びます。
○×についてでございますが、
平成26年3月
このヨミゲン、印刷して臨席した職員全員が持っていたりしますし、説明者の原稿は赤字が入っていたりとかなり手が込んでいます。
見る人
読む人
見る人
委員会 読み原稿
そこまでやらないで、もう少し簡略化できないのか？といつも思います。
恐ろしい子！！
これ作るのに全部でどれだけの時間がかかっているのかしら

説明というより朗読②

同じことをやるにしても、できる限り手間を減らしてコスト削減に努めたいですよね？

せめて読み原稿くらい簡略化できないのかなあ？　と思い、職員に「いっそヨミゲン止めるのはどう？」と聞いたところ「とんでもない！」と大反対に遭いました。曰く、

●委員会での行政の発言は拘束力を持つので間違ったことを言えない（要は間違って発言してしまってもその通りにやらないといけないからということだそうです）。

●説明を円滑に行うために原稿があった方が効率的である。

●読み原稿を作る過程で、内容の検討や読み合わせを行うので業務の理解につながる良い機会となる。

ということだそうで。

いや、そうでなくて、原稿をあそこまできっちり作り込まないでも……、と思うんですよね。二・八の法則ってあるじゃないですか。最後の二割を完成させるのに全体の八割の時間が費やされるというアレです。私も本会議の質問では読み原稿を作成しており、「てにをは」まで含めて完成度を高めようとすればすごく時間がかかると経験しましたので、自分の原稿は回を重ねるごとに箇条書きに近

づいております。行政も文章まできっちり作り込まずに、内容部分だけを箇条書きしてそれを説明すればよいと思うのですが……ダメですかねぇ？

まあ、委員会時間の効率化については、議員側の発言を効率化するのが一番なんですよね。事前に調べれば分かるであろう基礎的なことを聞いたり、同じことを言葉を変えて繰り返し聞いて一時間使うとか、自分の納得のいく答弁を貰うまで質問を重ねるといったことがありますからねぇ……。

議員もコスト意識を持つべきよね。

アナログだっていいじゃない

今時の議会はデジタル化が進んでおり、採決をボタン式やスマートフォンで行う自治体が増えてきていますが、ウチの市の採決はアナログで、起立によって賛成の意を表明します。

賛成者は起立して、それを議会局が数えて「賛成多数です」とか「賛成少数です」と伝え、可否を決します。この人は賛成、この人は反対。と、一人ひとりの顔が見えるので、議場で採決に臨むとデジタルにはない迫力があります。

この採決ですが一人だけ起立することもありえます。が、それが実現可能なのは会派に属していない議員だけです。会派に属している議員は、会派の中で「これは賛成」「これは反対」と合議の上で採決に臨みます。これを「会派拘束」と呼びます。

会派の中で決したことは、たとえ自分が逆の考えを持っていたとしても、会派の決定に従わなければなりません。ですから採決に関しても議員個人ではなく、会派ごとに賛成／反対の意思表明を行い、採決は賛成の「人数」が多ければ決する（多数決）ため、その会派に属する議員の人数が多ければ多いほど、自分たちの意見が通しやすくなります。

まさに「数は力なり」ですかね。

さて、会派拘束に関しては、以下のような批判があります。

● 各会派の中でどういうプロセスで意思決定がなされているか市民からは見えない。
● 自分は賛成でも、会派で反対と決めたら反対しなくてはならない。
● 大会派が首長と連携している場合、すべて賛成になって議会のチェック機能が働かない。

皆さんは、「会派拘束」どう考えますか？

会派で決まったことは、自分は反対でも賛成しないといけないのよ！

議会では、議員の賛成／反対を採決することで決定を行います。
・議案第××号～について
可決
・議案第△△号～について
否決
・議案第○○号～について
この採決の取り方は自治体によって様々です。
今日は君たちに最高の採決体験をお見せしよう。
ボタン式だったり
ピコーン
スマートフォンの所もあります
議会もデジタル化が進んでいますが
うちの市の場合、採決はアナログで、
議長
おはかりいたします
起立により賛成するという形式を取っています。
シーン。
ガタッ
反対
賛成

慣れってすごいね

本会議では、一日中座って聞いているだけの日が何日かあります。代表質問が二日間、一般質問が四日間の計六日間、朝の一〇時から夕方五時前後まで、自分が質問する時間以外は座って聞いているだけです。

答弁調整した台本を読み合っているため棒読みが多く、お経を聞いているようで眠いのなんのって。最初のころは、朝から夕方までただ座っているだけなのは大変苦痛でした。

寝こそはしませんでしたが辛かったですよ～。

しかし、そんな日々を何十回と経験するうちに、だんだん慣れてきました。

最初は数十分にわたって棒読みされる内容が一向に頭に入ってこなかったのですが、今では質問と答弁の内容をしっかり聞き取ることができますし頭にも入るようになりました。慣れってすごいですね!!

いやー人間ってすごいな、て思います。今では、ただ座って聞いているだけでなく気になった質問を聞きながらメモを取ったり、答弁を聞きながら今後の政策について整理したりするようになりました。

しかし、まあ……違う慣れをした議員もおりまして、ベテランはともかく同期の議員の間でも、本

会議で寝る議員と寝ない議員に分かれてしまいました。

中には本会議開会時間中ほとんどの時間を睡眠に費やしている議員もおり、よくまあ、毎日朝から晩まで寝ていられるなあ、とあきれております。

慣れたとはいえ、昼食後の午後の時間はとても眠くなりますので、私は本会議の最中は、昼食を最小限におさえております。


確かに眠くなる環境だけど、寝ちゃだめでしょ！

ブルブルしてくる

　そういうわけ？　で、本会議、特に一般質問の昼休憩明けは、議員や理事者の半分くらいが見えないスナイパーに撃たれて気絶しています。傍聴に来るとよく分かります。

　そうならないよう、前述したように本会議の昼食の量を減らしております。栄養ドリンクと栄養補給ゼリー、あとはおにぎり一個程度です。でもそれだけではカロリーが足りないらしく、夕方近くになると手がブルブル震えてくるんですよね。

　一応三時休憩の際にチョコレートなど糖分は摂取していますが、脳のエネルギーは足りても、脂肪にはエネルギーが足りないようでブルブルは大して収まりません。

　ある職員に「議会中は昼食を減らしているので、夕方手がブルブルしてくる」という話を、したところ、「自分もそうです！」と言っていました。

　同じく手が震えてくるそうです。職員も昼を減らして狙撃に耐えているのですよ（まあ、全員ではないでしょうが）。夕方、本会議場で手がブルブルしている人間がいたら、それは昼食を抜いている人だと思ってくださいね。

　こういう話を聞くと少しは傍聴に来たくなったりしませんかー？

これ、「本会議で寝るのはけしからん！」と怒られそうな話題ですよね。「民間企業だったら会議中寝ていたらクビですよ！」ともよく言われます。それは、おっしゃる通りです。

ちなみに本会議を民間企業と比べるのであれば、大会議室に一〇〇人以上集まって行うプレゼン発表会が一番近い気がします。あれも気絶している方沢山いらっしゃいますよね？　そこに四日間朝から晩まで黙って座ったまま一睡もしないでいるイメージ。

「会社員ならクビ」て言われるけれど会社員時代、寝ている社員も沢山見たわよ？

本会議は朝一〇時から夕方五時前後まで
・・・・
ずっと座って聞いているだけの日が続きます。
しかし、気を抜くと眠くなるので
本会議のある日は
おにぎり1コとか。
昼食をほんの少しにしています。
四時くらいになるとエネルギーが切れて
手が震えてくるのがちょっと困る。

賛成も反対もできないから①

一般質問は各議員が自分の意見や主張を表明する場です。質問者である議員がどういう考えを持っているのか、例えば事業実施に賛成なのか反対なのか、改善が必要だと思っているのかなど、実際の質問を聞いていれば分かります。

しかし、質問者以外の議員はそのテーマについてどういう考えを持っているのかを議場で知ることはできません。一般質問では、質問する議員と答弁する理事者以外は議場で発言することができないからです。

ところで、地方議会における野次については、議会によってかなり違うようです。激しいところもあれば、まったくないところまで様々だと聞いています。一時、東京都議会のセクハラ野次が問題になりましたが、野次の有無以外にも、野次の量、内容のひどさなど、議会によって全然違うようです。

私のいる議会では、野次は一切ありません。野次って一体どんな感じなのかな？　と思い、野次がひどいと噂のある議会の録画を観てみました。ひたすら怒号が響いており、確かにひどかったです。言葉使いもそうですが、「大の大人が議場でこんな怒鳴り声を上げるのか～」とびっくりしました。「この議会で仕事するのはちょっと嫌だな」と思ったくらい。

ただ、どういう時に野次が飛ばされるのかというと、発言している議員の意見に賛成であれば「そうだそうだ」「頑張れ」という野次が飛び、反対の場合「なにバカなこと言っているんだ！」「無理だろう！」と怒号が飛ぶのです。議員の中でその意見に賛成が多いのか反対が多いのか、野次のある議会だとそれが分かるものだなあ、と感じました。やたら声の大きい人もいたりしますので、何となくのレベルでしか分かりませんけどね。

発言できない分、顔芸で意見表明している議員はいるわね。傍聴席から見えないのが残念。

本会議における一般質問は、各議員の考えや主張を表明する場ですが、
一般質問の最中に他の議員が発言することはできません。
……
だから本会議の場では、それが質問した議員だけの意見なのか多くの議員が同様の考えを持っているのかを判断することはできません。
主張
何言っちゃってるの？
行政
その通り!!
議会
すると議会から見たら良い提案でも行政側には響かないことがあります。

賛成も反対もできないから②

そんな議場での質問ですが、各議員が自分の考えをもとに様々な視点で質問を行っている間、他の議員は置物状態で黙って聴いているだけです。

議場の外で同期議員と「あの質問は良い切り口だ」とか「あの考え方はおかしい」と会話を交わしたり、先輩議員から「良い質問だったよ」と言ってもらうことはありますが、議員の一般質問それぞれの内容について全員で賛成／反対を表明する場はありません。だから、我々議員自身も、自分の考え方や提案内容について他の議員がどう考えているのかを知りません。

議員自身がそうなのですから、行政側も同様でしょう。

となると、行政が一般質問で議員から出された意見について評価する際に、議会の意思は反映されないということになります。雑な言い方をすると「議員の議会質問へどのように対応するのか」は「行政の判断・都合のみ」で決めていると言えます。

一例として、私が一般質問である課題について取り上げた時の体験談をお話しします。

その課題について、現場の職員からは「これで少しは前に進めます。あり

がとうございます」と感謝され、また他の議員からも「あの質問は良かったよ」と評価をいただきました。しかし、意思決定者である局長にはまったく響きませんでした。「小田議員のあの質問は（何であんな質問をするのか）意味が分からない」と述べていたとか。

もしこれが「小田個人の意見である」から、「議会の意思である」とした場合には局長の対応も違ったはずです。

議員の質問にどう答えるかは行政のみの意思が反省されるのよ～（涙）。

例えば、ある課題について一般質問で取り上げた際のこと。
現場の職員からは「これで少しは前に進めます」と喜んでもらえて、
他の議員からも「良い質問だった」と言ってもらえたのですが、
グッジョブ!!
当の局長からは、
何、この質問
と評価されたことがあったりします。

賛成も反対もできないから③

一般質問における各議員の意見や主張ですが、多くの議員が「その通り」と思うものもあれば、質問している議員以外は「それは違うよ」と思っているものもあります。たぶん（断定できないのは、今まで書いてきた通り、それを知る術がないからです）。

たまに、議場で失笑が起こったり、雰囲気で他の議員は反対だな、という空気が伝わる場合もありますが、それはレアケースです。

要するに、一般質問においては「議員個人の意思」を示せても、「議会の意思」を示すことは難しいのです。

ですから、ある議員が議場での主張していたことが、実は議員の大半が反対である、ということもありえます。「今聞いているこの主張には賛成できないのに、この場では誰も異議を挟めないのはもどかしいな」と思うことがよくあります。

議会という重要な意思決定の場で、多数の意見なのかそうでないのかを示せないのは、議会の仕組みそのものというか、民主主義的にはいかがなものなのかな～と感じております。

ですので、一般質問における各議員の主張について、議会全体としてはどうなのか？　を議場で

「見える化」できたらいいな、と思っています。

例えば、各議員の一般質問終了時に、その内容の賛同する議員は一票を投じて、「過半数を超えた提案について行政は真剣に検討をしなければならない」とすれば、市民の民意を（今よりは）正しく反映できると思うのですけどね。そうしたら各議員も一般質問を今より真剣に行うようになるのではないかしら？

議員の一般質問も、その内容の可否について議員に多数決取ったらどうかしら？

また一方、議員の多くが「えっ？」と思うような質問もあります
公立学校の入試はくじ引きにすべきだ！
えっ??
後で聞いてみるとほとんどの議員が「あれはない」という意見だったりする場合があるのですが
かくあるべし!!
それは違うなあ
それは行政には分からないことですので各議員の主張は市長や局長の判断で受け入れるか否かを決めるしかなく
No!! やりませーん。
民主主義的には、それが多数の意見か否かくらいは分かるようにした方がよいのではないか？と思ったりします。

仮装大賞のアレ

多数決の取り方ですが、エンターテインメント性を持たせるために仮装大賞のアレを置いて「合格～!!」なんてやれば、傍聴者殺到すると思いますがいかがでしょうか（笑）。

……しかし、投票方式にすることがもたらす弊害を色々考えてみて、自分でも「無理だな」と思います。会派とか各議員の力関係とか色々絡んできて面倒なことになりそうですから。

いずれにしても、一般質問は**各議員個人の主張**を述べる場であり、議会の総意を示す場ではないということです。議場での議員の意思決定は**採決**にて行われますが、一般質問に採決はありません。

議員個人が提案を行う場合、それを行政に適用させるのはとても大変です。市長は「鶴の一声」で行政を動かせますが、議員は超えるべきハードルが山ほどあり道のりは相当厳しいのです。常日頃から本会議以外の場でも行政と折衝を重ね議会内での協力を仰ぎ、数年にわたって匍匐《ほふく》前進で進んでもなお実現できないものは多々あります。

そのため、市長と懇意にすることで、それを容易にしようとする議員もおります。

市長派と言われる議員のことです。時に選挙で協力し、時に議案に反対をしないことで市長に便宜をはかり、市長はその見返りに、その議員の提案（地域への利益誘導だったり）を受け入れるのです。

私は、これについては二元代表の意義を無視した行為であると断言します。こうしたことを行う議員と市長両者とも、市民の方を向いていないと言わざるをえません。

皆さんの地域の市長と議員はどうですか？　首長と議会が、相互にバランス・補完関係を築けていますか？

議員が自分の政策を実現するために越えなければならないハードル、数え切れないわっ。

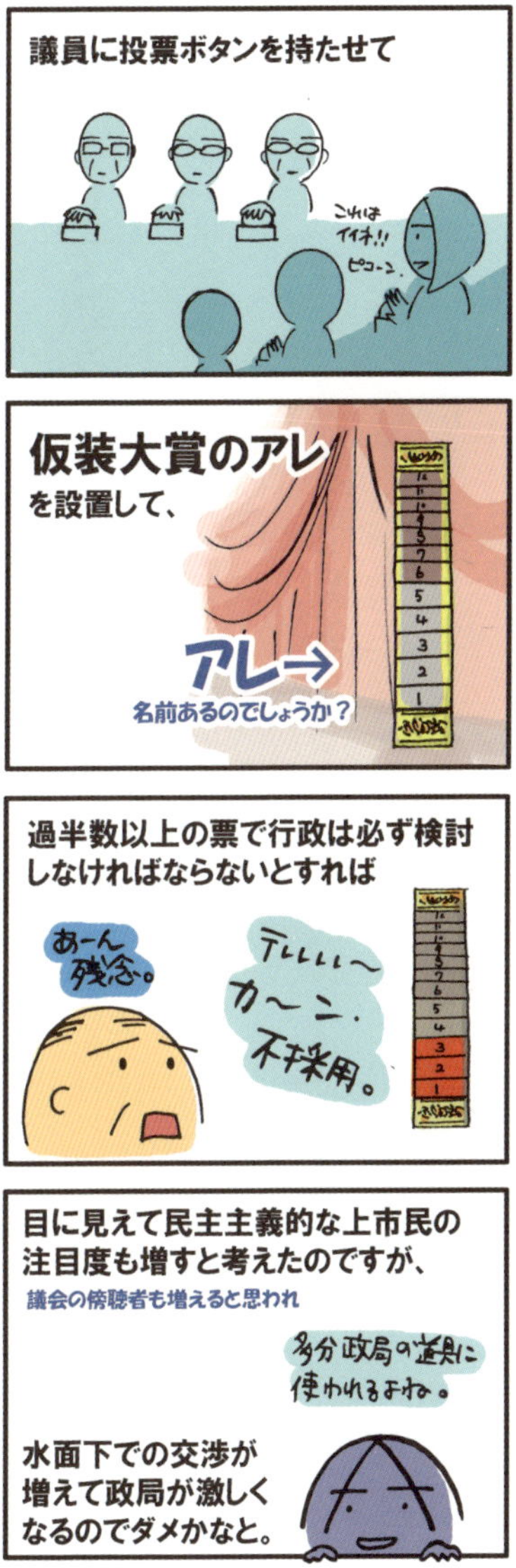
議員に投票ボタンを持たせて
これはイイネ!!
ピコーン。
仮装大賞のアレ
を設置して、
アレ→
名前あるのでしょうか？
過半数以上の票で行政は必ず検討しなければならないとすれば
あーん残念。
テレレレ〜
カ〜ン。
不採用。
目に見えて民主主義的な上市民の注目度も増すと考えたのですが、
議会の傍聴者も増えると思われ
多分政局の道具に使われるよね。
水面下での交渉が増えて政局が激しくなるのでダメかなと。

木を見て森を見ず①

地方議会では年に四回、決まった時期に議会が開催されるのが一般的です。これを定例会と呼びます。

この定例会の中で、二月から三月にかけて実施される定例会は、俗に「予算議会」と呼ばれることがあります。これは、この議会の中で、その自治体の来年度の予算案を審査・認定を行うからです。

自治体は、来年一年間に入ってくるお金とその使い道（それぞれ「歳入」と「歳出」と呼びます）を全部決めて、その計画通りに一年間過ごします。

予算策定は自治体にとって最も重要な意思決定プロセスであるとも言えるわけですね。そしてこの予算は、議会の議決を経なければならないと法律に定められております（地方自治法二一一条）。

歳入は主に市民からの税金です。でも税金の額は実際に納税してもらうまで分かりませんので予算段階では「来年はだいたいこのくらいの税金が入ってくるだろう」と予測を行い見込みの金額となっています。

このように予算は、自治体が一年間で使うお金を一円単位まで決めるものです。とっても重要ですよね。

民間企業では予算よりも決算の方が重視されますので、自治体とはここが大きく違いますよね。自治体の予算策定・承認作業を民間企業に当てはめると、次年度の経営戦略・営業戦略を決定する役員会議、のようなものだと思ってもらえればよいかと思います。

（予算議会はどちらかというと株主総会に近いかもしれませんが、分かりやすさ重視でここでは役員会に模しています。）

予算議会は来年一年間のお金のお使い方を決めるものすごーく重要な場なのよ！

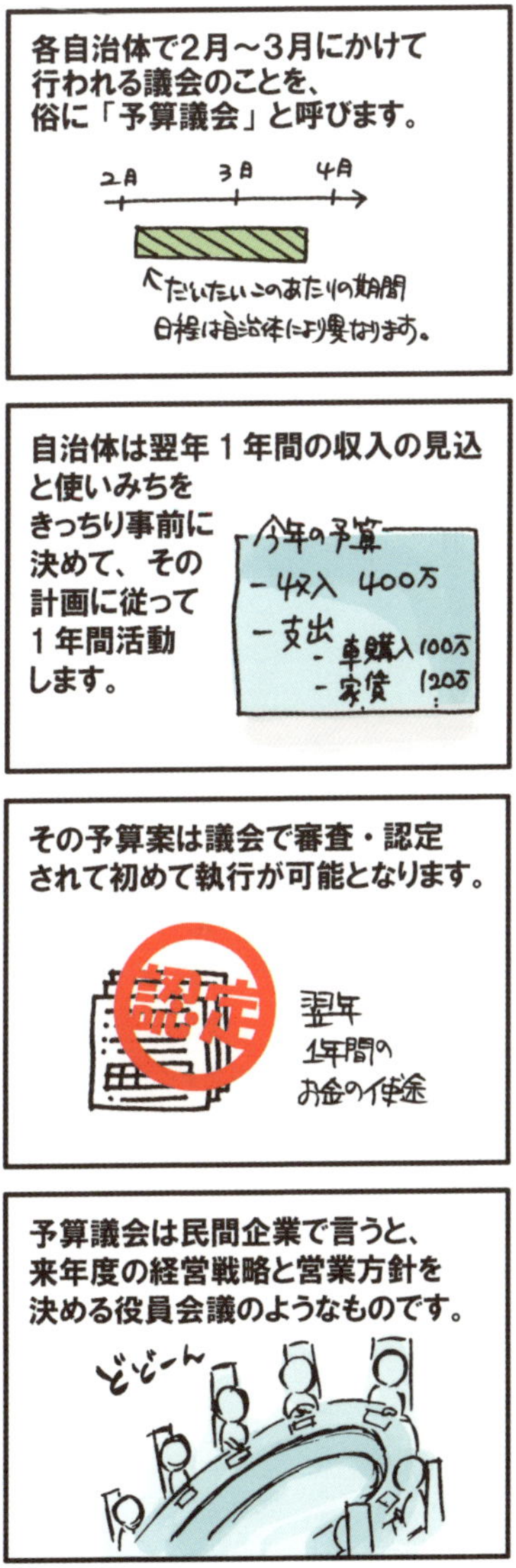
各自治体で2月～3月にかけて行われる議会のことを、俗に「予算議会」と呼びます。
2月
3月
4月
だいたいこのあたりの期間
日程は自治体により異なります。
自治体は翌年１年間の収入の見込と使いみちをきっちり事前に決めて、その計画に従って１年間活動します。
今年の予算
－収入 400万
－支出
－車購入 100万
－家賃 120万
その予算案は議会で審査・認定されて初めて執行が可能となります。
認定
翌年
1年間の
お金の使途
予算議会は民間企業で言うと、来年度の経営戦略と営業方針を決める役員会議のようなものです。
どどーん

木を見て森を見ず②

予算議会が自治体の予算案を審査・認定する場であることはご理解いただけたでしょうか。

この予算、審査の方法は自治体によって様々です。ある市議会では本会議場での総括質疑（予算すべてを全部まとめて審査）にて行いますが、別の市議会では局別審査（局ごとの予算をそれぞれ審査）であったりします。

前者の方法ではまったく触れられない局が出る可能性があって網羅性に課題がありますし、後者では全庁横断的な審査ができないという課題があり一長一短です。

それはともかく、私は今の予算審査に不満を持っております。

予算議会は市の一九会計一兆三〇〇〇億円のお金をどのように使うのかを審査する場なのですが、そこで、特定の地域の公園とか道路などの予算の〇・〇一％にも満たない事業の議論だけで終わらせる議員が結構いるのです。地元の陳情を、そのまま予算審議の場で質問しているわけですが、議会で特定地域の課題を取り上げるべきではない、とまでは言いません。が、せめてそこから全市的な課題につなげるべきだと思うんですよね。

……まあ、本当は市政一般について質問する六月議会か一二月議会で取り上げるべきだと思っています。だって、予算議会ですから。

一兆三〇〇〇億円兆円って、単純に議員の頭数六〇人で割っても一人二〇〇億円です。予算審査で数十万円とか数百万円の地域の陳情をそのまま議場で取り上げるのでは、議会のチェック機能が果たせていないですよ。

本会議場でも、ついつい溜息が出ちゃいます。


本会議場で瑣末な議論を取り上げる議会はこの近所ではウチだけだって聞いたわ！

予算審査のやり方については自治体によって様々です。
※川崎市の場合、予算審査特別委員会を設置し本会議場での総括質疑にて予算を審査します。
が、私はこの審査に不満を持っています
むー
市の予算議会は全19会計1兆3000億円を審議するわけですが
時間がいくらあっても足りないのじゃあー
議員の頭数で単純に割っても、1人200億円の使途をチェック！
予算審査の場で地元の陳情ネタばかり取り上げるのはどうなのよ？？と思います。
一般会計の0.01%にもならない話だよね、それ。
予算のチェック機能はどこいった？
△□道路の
○×公園の

木を見て森を見ず③

これを架空の民間企業に当てはめてみましょう。フルーツ化粧品は、傘下に一九の子会社を持ち、グループの売上は一兆三〇〇〇億円の大手企業です。最近の売上は下降気味である一方、固定費の割合が年々上昇して経営を圧迫しており、この状態が続けば、会社の存続も危ぶまれます。そんな中、来年度の経営戦略を決める役員会議が開かれました。会議では、景気が上向いても人口が減っているため売上の大幅な上昇は見込めない中で、固定費の削減や経営の効率化をどう行うかが会議の中心です。

そんな中、一人の役員が発言をしました。「レモン化粧水だが、さっぱりタイプを出すべきだと思う」。レモン化粧水はグループ全体売上の中で〇・〇一％も占めないマイナー製品です。さっぱりタイプを出すことで、グループの経営状況の何らかの改善につながるのか？　答えはＮＯです。他の役員たちが冷めた目で彼を見つめる中、社長は言いました。「えー、それはこの場で話す必要があるのか？　部門会議で決めれば良いことじゃないのかね？」……翌年の役員会議に彼の姿はありませんでした。と、なると思いませんか??

市議会には、このような役員が何人もいます。これでは、議員が何人いても結果は変わりません。

これじゃあ「議員なんて要らない」と言われても仕方ないと思います。

かつて地方議員は、地域の陳情を行政へ伝え、地域へ金を回すのが役目だったかもしれません。しかし、そんな時代は終わったのです。

こうした議員は、一部の市民にとっては「良い議員」でしょう。しかし多くの市民にとって良い議員と言えるのでしょうか？

全国の議会には、今でも多くの「陳情型の議員」がいるのよ。こっちの方が多数派かもしれないわね。

全部紙でくる①

地方議会の定例会は基本年四回開催されます。

中でも二月から三月にかけて行われる議会は、通常の定例会で行われる議案の審査に加え、市長から提出された来年度の予算案を審査し承認するという手続きが入るため予算議会と呼ばれることがあります。来年度のお金の使い方を決める予算審査という重要な手続きが入るのですが、この審査のために市から提出される情報は何と「紙媒体」です！

予算議会が始まる少し前になると、各議員に議会で用いる資料が何冊も配布されます。紙で。議案書が数冊、それから各常任委員会で配布される各議案目的や内容の詳細などを説明するための資料、それに分厚い予算関係資料がいくつか。

この資料を全部積み上げると高さ三〇センチ近くになります。議員六〇名分の資料を積み上げたらそれだけで高さ一八メートルですよ！　議会では、議会用資料以外にも毎日大量の印刷物が配布されます。あまりに大量にくるのですべてに目を通すことはほぼ不可能ですから、ちらっと見て捨ててしまう資料もあります。勿体ない！

エコじゃないし、捨てるのも一苦労ですし、情報は電子化してポータルで提供し、必要なものは議員自ら印刷する形式に変えた方がよいのではないかと思っています。最近、電子議会ということで、タブレットなどで閲覧できるよう電子化した資料を配布する自治体も出てきました。

……まあ、しかし、電子化した自治体でも、「全部紙で持って来い」という議員もまだまだいるそうで、二度手間になってしまっているそうです。

職員も「そんなの自分で印刷せえ！」て言えばいいのに。

「とにかく資料配っとけば議員から文句言われないだろ」て思っているでしょ？

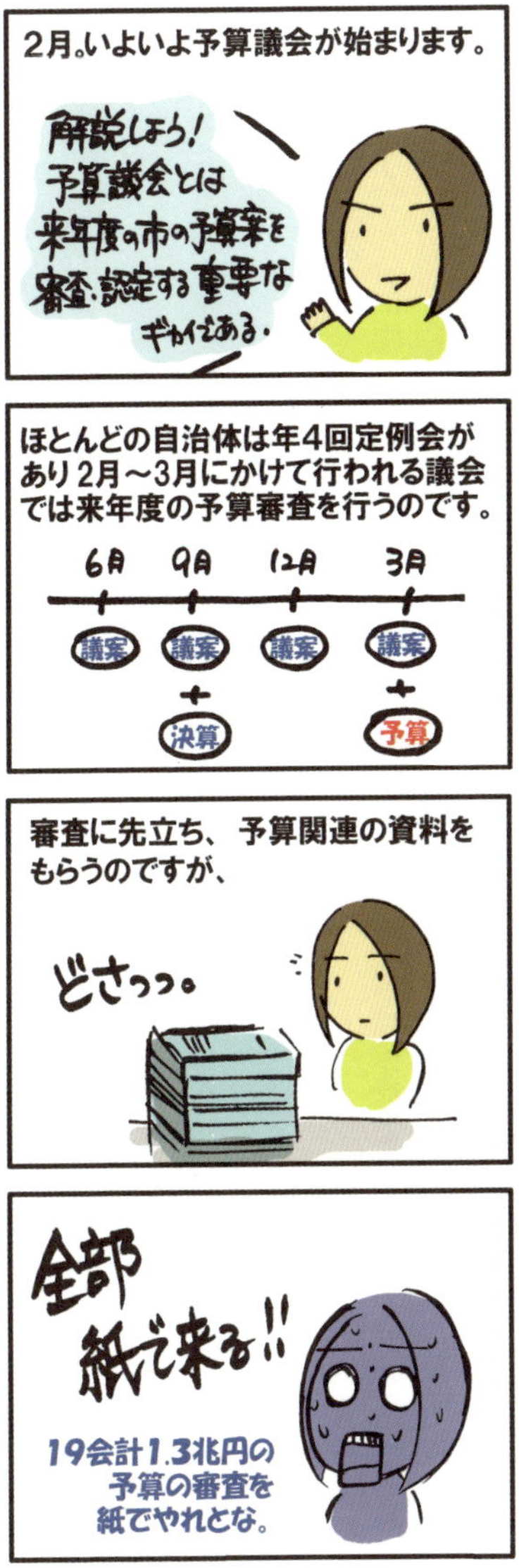

全部紙でくる②

さて、予算資料は何冊もの紙の分厚い冊子が配布されて、その情報を元に予算の審議に当たるのですが、データになっていないとまともなチェックなどできません。またこの予算書の作りも分かりづらいのなんのって。

まず、予算書には昨年の額は出てきますが、前々年の情報は掲載されていません。事業の経年変化を見ようとすると、毎年の予算書をひっぱり出してきて見比べる必要があります。何度、過去の予算書を一〇冊ばかりをどさっと机に並べて各事業の予算額を手入力で打ち込んだりしたことか。

また、どこに多く予算がかけられているのかを他の項目と比較するのも難しいです。紙ですし。傾向分析などは実質不可能です。

紙の冊子しかもらえない現状では、パラパラと冊子を眺めて、「ん?」と思った事業にアタリをつけ、その事業に関連する情報をかき集めてエクセルにちまちま打ち込んで分析するという流れを取っています。それはもうちまちまチマチマチマチマチマと打ち込みましたよ。

私も最初の年はあまりのことに転げまわりました。

まあ、要するに意思決定に財務会計情報を使っていないということなんでしょう。

「議員に予算を分析されて突っ込んでほしくないということか？」と思いましたが、そもそも「職員も分析できないじゃん！」と気づいて愕然としました。

情報は、ヒト・モノ・カネに次ぐ重要な経営資源ですが、それを活用していないということは大きなカルチャーショックでした。いや、これまずいでしょ。

ちなみに決算データも確認済みです。結果は……聞かないでください（涙）。

役所には意思決定に使う情報分析の仕組みが存在しなかったのよ。ビックリだわ。

ここが変だよ地方公務員

公務員の頂点（もしくは　トップオブ・ザ・公務員）

本会議場では、市長をはじめとする執行部と議員が向かい合って座ります。前の章で「二元代表制」について少し触れましたが、この二元の片方が市長（執行部）で、もう一方が議員というわけです。

市長と議会はお互いに牽制し合って物事を推し進めるため議場の座席も向かい合う形を取るのでしょうかね。そして、執行部は市長・副市長、各局の局長、それから公営企業の事業管理者などが並びます。この中の「局長」。局長は市役所職員の中で一番エライ役職です。市役所に入って野心のある新人が「局長にオレはなる!!」て言ったり言わなかったりする局長です。

地方公務員は「一般職」と「特別職」に分けられます。市長や副市長は「特別職」。局長は「一般職」と区別されておりまして。一般職の最上位が局長という訳です。

私は会社員時代に、ある自治体の行政改革の仕事を手伝ったことがありまして、毎日のように役所に出入りしていた当時の感覚ですと、市役所の役職は一般企業の役職よりも実質一つ上だと思いました。市役所の係長は一般企業の課長、課長は一般企業の部長、部長は一般企業の本部長や執行役員くらい、の権限と偉い度という感じです。

で局長ですが、こちらは専務とか常務とかそんな感じでしょうか。

仕事していた当時、局長は「雲の上のエライ人」で直接会う機会などまったくありませんでした。

何せ部長がまとっている雰囲気が一般企業の役員？　といった感じでしたし。

しかし、議会ではその「雲上の人＝局長」が何十人も一堂に会しているわけで不思議なものだなあ～としみじみ。

公務員の幹部職クラスともなると一般人相手には超偉い人オーラを出すのよ！

本会議場では、議員と執行部が向かい合って座ります。
あっちが執行部
こっちが議員で
局長
副市長
市長
執行部側は、市長・副市長・局長など全部で数十人になります。
局長は、市職員の役職の最高峰でして、一般企業で言うと取締役クラスといった所でしょうか。
登りつめたぜ
エライッ
※局長から副市長になる人もいますが、市職員の役職の最高位が局長なのです。
部長
課長
係長
主任
職員
それにしても・・・・
局長のメガネ率高っ！
メガネーゼ率70％

カワサキ三銃士

川崎市には三名の副市長がおります。副市長については、各自治体で置くかどうか、置く場合はその人数を決めることができます。ちなみに、お隣の横浜市は副市長の定数は四名でして、全国の副市長の数は一番多くて四名であったと記憶しております。

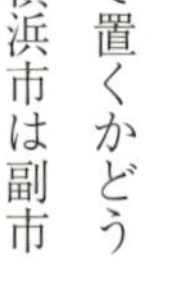

ところで、この副市長ですが、市長が任命すれば誰でも副市長になることができるのです（議員や警察官、検事や公民権停止者など例外はあります）。

市長は直接選挙によって選ばれるのですが、副市長は市長が勝手に決めてもよいのです。その代わり、副市長の選任の際は議会の承認が必要となります。議会承認を経ることで極端な人事を行わないよう統制しているのですね。

とはいえ、副市長はその市町村市の幹部職員の中から登用される場合がほとんどです。ウチの市の場合、職員からの副市長になる場合のキャリアパスがあるようでして、総合企画局長か水道を管轄する上下水道事業管理者のいずれかを経験した者が副市長に任命されています。このあたりは市長の考え方で変わってくるものですけどね。

また、職員以外からの登用でよくあるのが、中央のキャリア官僚が副市長になるケースです。これは人材交流を通してその省庁と良好な関係を築くことが目的でして、そのためほとんどが自治体と関係の深い総務省か国土交通省からです。

ウチの市でも二〇〇二年から一〇年近く中央官僚からの副市長登用を続けていましたが、二〇一一年に初めて全員市役所職員からの登用という形になりました。ちなみに局長としてキャリア官僚を登用することも多く行われております。

副市長は誰でもなることができるけど、実際は市の職員かキャリア官僚がなるのよ。

うちの市には3名の副市長がおります。
やっぱりメガネーゼ
3人の描き分け？何ですかそれ？
副市長は市長を補佐し担当局を監督する役割を担います。
そして市長が任命すれば、一般の人でも副市長になれます。
市井の民よ、お前を副市長に任ず。
ありがたき幸せ！！
ちなみに、現在は全員内部登用者です。
市役所職員でした。

「首長」と書いて「しゅちょう」と読みます①

皆様、ご自分の地元の市町村長の名前と顔をご存知ですか？

もしかして知らない人もいるのでは？

大阪市の橋下さん、名古屋市の河村さんなど有名人もおりますが、ほとんどの自治体の首長は、一般的に派手さがなくて影が薄いのではないでしょうか？

自分の地元の国会議員の顔と名前は覚えていても、首長の顔や名前は思い出せない、なんて人もいるのではないでしょうか。

そういうわけで、国会議員に比べて、首長って地味ですよね。何故なのでしょうね。

国会のように、他党との舌戦や街宣活動などプロパガンダを必要とせず、黙々と業務を遂行しているためなのでしょうか？　そう考えると首長は地味だけど、安定感があって頼もしいと感じませんか？（笑）

しかし首長も政治家ですし、国会議員が首長になったり、その逆もありますので何とも言えませんね。しかしそんな地味～～な首長ですが、実はその権限は絶大なものがあります。

その権力たるや、一国会議員の比ではないのですよ。

ところで、市町村長や都道府県知事の事を首長《しゅちょう》と言いますが、いつの時代からか「くびちょう」と呼ばれることが多くなったような気がしませんか？

テレビ報道でも「くびちょう」と言いますよね。主張《しゅちょう》と混同しないためでしょうか？

昔はテレビでも「しゅちょう」と読んでいた気がするのですが……。


私のパソコンで「くびちょう」で変換しても「首長」って出たわ！

皆さん、自分の住んでいるまちの首長※が
どんな人なのか知っていますか？
……
※市長とか町長・村長
都道府県知事のこと
地元の国会議員は知っていても、市長の事はよく知らないという人も居ると思います。
国会議員
首長
地味〜
派手〜
国会議員と比べると、地味で目立たない首長ですが、
その権力は絶大です。
はっはっはー。この町は我のものー。

「首長」と書いて「しゅちょう」と読みます②

漫画の中の金額は各自治体の平成二五年度予算案から抜粋して合計した全会計の予算金額です（首長の権限の話なので、一般会計の金額だけを抜き出して論じた方がよいとは思いますが、自治体の予算の額の大きさを知ってもらいたいので、今回は全会計の合計値を紹介しています）。

どうですか、すごい額だと思いませんか？

県や政令指定都市にもなると「兆」は軽く超えています。

その中でも、東京都はケタ違いですね。

自治体の財政状況について色々な角度から調べることがあるのですが、必ずと言っていいほど東京は頭一つ飛び抜けています。日本中の富が東京に集まっていると言っても過言ではないわけです。

ウチの市は東京に隣接しているので、市民から大田区や世田谷区の行政サービスと比較してここが不足だとお叱りを受けることがあります。

東京都特別区と比べられるのは辛いですよ～。超お金持ちの隣家といつも比べられて「お隣さんは毎年海外旅行行くのに何でウチは行かないのよ！」とか「お隣さんはベンツ買ったのに何でウチは軽自動車なの？」と怒られるようなものです。大変です。

そこで、「いや、隣はお金持ちだから。ね？　ウチだってそこまで貧乏じゃないんだよ？　でも隣と比べればどこも劣って見えるんだからさあ、勘弁してよ」とは言えないのが辛いところです。

自治体は、市民満足度向上のため、隣接都市の行政サービスは常に把握しておく必要があるのです。川崎市の場合、隣接するのは神奈川県横浜市、東京都大田区・世田谷区・稲城市・狛江市・多摩市・調布市・町田市です。多いでしょ（涙）。

この漫画を描いた当時は、東京都は猪瀬知事だったの。大して似ていないけどね。

特に大きな都市の首長の権限といったらそれは大きなものです。
人口100万人を超える大都市など
例えば、首長の権限で使える予算額がとてもも大きかったりします。
ルネッサンス
例を挙げると、
大阪市 3兆7700億円
神戸市 1兆7100億円
横浜市 3兆4000億円
神奈川県 2兆9700億円
川崎市 1兆3000億円
軽く兆超えてます。
そして東京都は、
12兆8000億円
まさにケタ違い！

「首長」と書いて「しゅちょう」と読みます③

国には外務大臣、経済産業大臣など「大臣」がいますよね。

毎年の予算額だけ見れば、各省は一〇兆、二〇兆といった巨額の予算を持っており、自治体トップの東京都と比べてもケタが違います。

しかし自組織内における首長の権限は、大臣のそれとは比べ物にならないほど大きいのです。それは何故か？　組織を動かすのに一番必要な権力、それは**人事権**です。

いくら莫大な予算があっても、その計画を立てて、実行することは自分一人ではできません。行うのは、組織の人間たちです。その彼らを絶対的に従わせる力、それが人事権です。

実は大臣には実質的な人事権がありません。「大臣なんて一日所長のようなもの」と言ったのは、官僚→県知事→総務大臣の経験のある片山善博氏です。

では、誰がその人事権を行使しているの？　と言うと、それは官僚のトップである事務次官です。官僚が大臣の権力を無力化して、自分たちでやりやすいような状況を作り出しているということでしょう。怖っ。

さて、一方の首長ですが、こちらはそんなことはありません。人事権を一手に握

っております。局長や部長、課長人事まで、市長の意向が反映されます。まあ、このあたりのさじ加減は自治体や市長によって異なるでしょうが、国の大臣のようなことにはなっておりません。さらに市長は、自分の組織の中に気に入らない人間がいたら、更迭やら左遷やらを行うことがだって簡単です。だから、職員は市長には絶対服従です。市長が白といったら黒いものでも白になります。

首長は、大臣とは違い、まさに組織内の絶対権力者なのです。

市町村長は役所内での絶対権力者なのよ。

絶対権力者である首長に議員はどう対応すべき？①

このように、首長は人事権と予算策定の権限を掌握しているため、自分の市町村内においては、大臣も持っていないような、大きな権力を持っています。

では、二元代表のもう片方、地方議会はどうなっているのでしょうか？

地方自治法一一二条では「地方議員は議会の議決すべき事件につき、議会に議案を提出することができる。但し、予算については、この限りでない」と定められております。一方の首長は、地方自治法一四九条で「普通地方公共団体の長は、概ね左に掲げる事務を担任する。二、予算を調製し、及びこれを執行すること」と定められております。要するに予算制定・執行権は首長にはあるけれども、議会にはないことになります。

地方議会には予算に関わる政策を策定・実施する権限がないことから、**予算を伴うような条例提案はできない**と解釈することができます。議員自ら条例案を作って議会で承認すれば条例が制定されますが、予算が必要なものは駄目！　ということです。このあたりは予算制定・執行するのは首長のみの権限であって議会にはない、だから首長と議会の権限には雲泥の差があるわけです。「首長の権限は何て大きいのだろう」「それを統制するためにある議会の権限は何と小さいことか！」と感じる地方議員は多いと思いますし、私もそうでした。

が、それはちょっと違うかもしれないな〜、と思うようになりました。

それを考えるには、二元代表制とは何か？　その中での議会のあり方は？　という点について触れる必要があります。

あ、書き忘れましたが、人事権もないです。四月の定期異動を見て「へー」て言うだけです（笑）。


「ヒト」と「カネ」を握るのは、権力そのものを握ることよ。手放すわけないわよね。

予算編成権と人事権を握る首長は大きな権力を持っていますので
ヒト・モノ・カネ揃ってまーす
それをチェック・統制するために地方議会が存在します。
首長
議会
ところが議会は人事権どころか予算編成権もありません。出てきた人事案や予算案を承認するだけです。
あれ？
このままではろくな武器を持たずに戦うようなものです。

絶対権力者である首長に議員はどう対応すべき？②

二元代表制の本質は、ともに公職選挙で選出された首長と議会がお互いに牽制し合ってバランスを取るものであると考えております。一方は行政のトップとして単独で、一方は合議体としているところもミソかと。

この仕組みを考えた人は、**公権力を最悪な形で行使させないため**にこういう形を取ったのかなあ、と考えたりします。

ですから**首長と議会が政治的に対立する**とか、**議会の中に首長派の派閥ができて首長の言いなりになる**とか、**政党別の派閥が議会内部で対立する**というのは、まったくナンセンスであると言わざるをえません。

議会が首長に対するチェック・統制機関である以上、議会は政策面で市長と対立するケースは考えられます。しかしそれは、良いことは承認、駄目なことは不承認と、いわゆる是々非々の姿勢で臨むべきであって、自分たち勢力と対立する市長だから反対するという姿勢で臨むべきではありません。また、議会が首長のチェック・統制機能として二元の一翼を担う以上、「市長派」として市長の側に立つことは議会の存在そのものを自己否定することにほかなりません。

また、議会と比べて、首長には大きな権限があります。前章で説明した通り、予算制定・執行は首長のみの権限です。議会がチェック・統制機能として自分たちより権限の大きな首長に対峙するのに、内輪揉めしてどうするの？　という話です。合議体である議会が、会派を超えて結集し、議会の総意として首長に物申すこと、これほど大きな力はありませんから。

だから地方議員は本来、政党間の綱引きとかやっている場合じゃないのです。

地方議会で政党政治を行うのはナンセンスだわ。

議会が首長に対するチェック＆統制機能を果たすためには二つの武器が必要です。
ってえーい。
一つは政策に関する知見
何かすごい武器
変身!!
そして、もう一つは、
議会が会派を超えて政策面で団結して行政に当たることです。
合体!!

マイバッグ持参

ウチの市役所の庁舎は建屋が分かれており、うち一棟は、大きな道路を挟んで建っています。各庁舎棟は地下道でつながっているのですが、それでも移動にはちょっとした距離を歩かなければなりません。そのためでしょうか、職員の方が移動の際に白い手提げ袋に資料やパンフレットを入れて持ち歩いている姿をよく見かけます。

皆さん同じよう色、材質、デザインの手提げを持っているので「決まりなのか?」と聞いてみたところ、支給品でもないし特に指定があるわけでもないそうです。

我々議員も市のことでしょっちゅう職員への聞き取りや打ち合わせやを行なっております。その場合は、議会棟にある議員控え室に出向いてもらうのが常です。日々、何かあれば白い手提げ袋に資料を入れて地下道を通って控室まで来てくださる職員の方々には感謝しております。でも、「いつも来てもらっているからたまにはそっちで打ち合わせしましょうか?」と聞くと、嫌がられます(笑)。

それから、市役所の職員は服装もよく似ています。地味色のスーツに白シャツ、そして青いストラップのついた職員証を首から下げています。

市役所近辺で青いストラップを見かけると、「あ、市の職員?」と思います。

最近は色シャツの方もおりますが、民間ほど派手な色や凝ったデザインのシャツを着ている方は見かけません。

また、本会議中に会議に出席する際の局長は、いつもより地味な格好で臨んでいる気がします。色シャツ着ている人もこの日は白シャツで地味色スーツだったり。うーん。存在感を限りなく透明にしたいのかなあ??

本会議場で、議員はいつもより派手色、職員はいつもより地味色に擬態するのよ。

最強キャラを決めようじゃないか①

行政のマスコットキャラクター、全国にたくさんいますよね。

最近一番知名度があるのは、熊本県の「くまモン」でしょうか。彦根市の「ひこにゃん」も根強い人気がありますよね。

ウチの市にも行政関連のキャラクターが沢山います。

あんまり多いので、担当とおぼしき局に、何体いるのか？　一元管理しているのか？　と聞いたことがありますが、聞いてびっくり、その数、何と、四一体!!!

（二〇一四年一月時点）

こんなに必要なの？　とびっくりです。この四一体には、多かれ少なかれ税金が投入されているわけなので、ちょっとどうなの？　と思いますよね。個人的にはゆるキャラはとても好きですが、だからといって行政がキャラクターを作ることにはあまり賛成しておりません。

安易にキャラクターだけ作っても、費用対効果はほとんどないと思っていますからね。

特に、昨今の自治体は**啓発＝キャラクター**と安直すぎです。

市民、そんなアホじゃありませんって。キャラクターを使って何らかの事業の効果を上げるのは、実はとっても難しいことです。
(1)キャラクター自体の認知度と好感度を上げる⇩(2)キャラクターに紐づけて情報を発信、と二つ段階を踏まなければならないからです。
そして、多くの自治体のキャラクターは(1)の段階で失敗しています(涙)。
そもそも行政はマーケティングうまくないですからねぇ。

行政のゆるキャラに経済効果はないでしょ。税金のムダ。

最強キャラを決めようじゃないか②

さて、市に話は戻りますが。市のHPに掲載されたキャラクター一覧を見ると、様々な施設や施策に独自のキャラクターが存在していますが、これ、一体に絞った方がよいですよね。

一体の市公認キャラクターが、状況に応じてコスチュームを変えて様々な場所に登場する方が市民の認知度も上がるというものです。

いわゆる**キティちゃん方式**とでも言いましょうか。

さて、四一体から一体への絞り方ですが、私は**ゆるキャラ・バトルロワイヤル**で決めることを提案します。ゆるくてふわふわしたキャラクターたちが、たった一つの頂点を目指し本気で殴り合う、このギャップで、世間の注目が集まること請け合いですがいかがでしょうか(笑)。

こうしたトリッキーな広報戦略は、一番最初に行ったところだけがその果実にあずかれます。

さあ、決めるなら今です!!

……お堅い自治体がそんなことするわけないとは思いつつ。

方法はさておき、一体に絞る必要はあると思います。でないとキャラクターを用いて得られる効果が分散してしまいます。

ゆるキャラ好きとして、民間や地域の団体がキャラクターを作るのは反対しません。そのコミュニティの中で愛されるキャラクターが欲しいというのであればどんどん作ってよいと思います。子どもたちも着ぐるみ大好きですし。しかし、行政にもゆるキャラですらないキャラクター増えましたよね。きもキャラとか萌えキャラとか。キャラクターを流行らせたいだけなのか、手段が目的化している感が拭い切れませんです。

キャラクターを使ったマーケティング自体、行き着いてしまった感があるわね。

市の公式キャラクターは一体に絞った方が効果的だと思うので、
一体でいいんじゃないの？
キティちゃんみたいに着替えればいいじゃない
キャラクター同士のバトルロワイヤルで決めるというのはどうだろうか？
バーリトゥードの等々力アリーナ!!
キャラクター達の力と力のぶつかり合いの末に
最後まで立っていた一体が市の公式キャラクターということで。
I win!
ギャップがウケると思うの。
ぐぐっ
行政は絶対やらないだろうけど

番外編：神奈川最強キャラクターはコレだ！

余談ですが、川崎市の四一体のキャラクターの中で、私が個人的に一番気に入っているのは建設緑政局の「建ちゃん」です！

議員としての立場を離れ、単なるゆるキャラ好きとして言わせてもらいますと、建ちゃんは市のゆるキャラの最高傑作だと思っています。

「これ、ひょっとして担当者が小学生の息子に描かせたでしょ?」的なフォルムに釘づけです。これこそ、ゆるキャラ中のゆるキャラ。小学生向けの副読本などに掲載されているほかはほとんど見かけることがなく、レアキャラと化しているのが残念。

次点はキレイクン。これは市のゴミ収集車に描いてあるので、市内の方はチェックしてみてください。このキレイクン、川崎市のキャラクターの中でも最も古くからいる一体です。キレイクンは川崎キャラクターのレジェンドというわけです。首の角度が……見ていると不安な気持ちになってきます。

つまり心に残るキャラクターだということです。

そして、私が選ぶ神奈川県最強キャラクターは、「とつか再開発くん」です。

この姿、顔の大きさ四・三ヘクタールという設定、再開発にキャラクター必要なんですか⁉　という突っ込みも含めて、素晴らしいです。

再開発が終了しマスコットとしての役割も終えたようですが、失うには惜しい逸材です。

残念なことに、「建ちゃん」も「キレイクン」も、私の画力ではその魅力が十分に伝わりません。

是非、皆さんそれぞれのHPで本物をチェックしてみてください。

官製キャラクターは変にこなれていない方が好きだわ。

番外編：私の好きな行政キャラクター。
市の官製キャラクター41体の中で、個人的お気に入りはこれ！
一番気に入っているのは建設緑政局の『建ちゃん』！！
最高傑作!!
ゆるキャラはこうでなくちゃ！
「これ、担当が小学生の息子に描かせたでしょ？」的なフォルムが最高です。
次点は環境局の『キレイクン』！
川崎市のゴミ収集車に描いてあります。
ずっと見ているとだんだん不安な気分になってくる。
ちなみに・・
神奈川最強キャラはこれだ!!
いまだにこれを超えるキャラは現れず！

ここが変だよ国会議員

国とは違うのだよ、国とは①

私は市議会議員、いわゆる地方議員です。都道府県や市区町村の議員は、一まとめに「地方議員」と呼ばれます。我々地方議員も国会議員と合わせて「政治家」と一緒くたにされることも多いのですが、実は国会議員と地方議員とでは大きな違いがあります。それは、地方議会は**二元代表制**、国会は**議員内閣制**と、それぞれで採っている制度が違うのです。

まずは、議院内閣制ですが、国会議員は、国民による選挙で選ばれます。

そして、国会において選挙を行い、国会議員の議席の過半数以上の支持を得た議員が内閣総理大臣に任命されます。内閣総理大臣は、大臣を任命し内閣として国の運営に当たります。議決機関である国会の議員の中から、執行機関が選ばれる仕組みです。

次に、二元代表制ですが、地方自治体では、執行機関の長である首長と、議会（議員）はそれぞれが選挙によって市民から選ばれます。

国のトップである内閣総理大臣が国会の中から選ばれるのに対し、地方のトップである首長は市民が選ぶわけです。

内閣総理大臣は、国会議員の議席の過半数の賛成をもって指名されますので必然的に最大多数政党に属する議員の中から総理大臣が任命されることになります。政権与党＝内閣（執行機関）＝国会（議決機関）となるわけです。一方の二元代表制の場合、首長は市民によって選ばれるので、議員が市長を兼ねることはできません。地方議会においては、たとえ過半数の議席を持つ政党があったとしても議員が行政執行に当たることはできない仕組みになっているのです。国と地方の政治の仕組みそのものが違うこと、知らない人も多いかもしれませんね。

地方議会と国会は制度そのものが違うのよ。だから一緒くたにしないでほしいわ〜。

一口に「議員」と言っても国会議員とか県会議員、市議会議員など様々ですが、
都道府県と市区町村の議員はまとめて「地方議員」と呼ばれます。
国会議員と地方議員では、根本的に違う点があります。
それは、それぞれの議会がまったく異なる制度によって成り立っていることによります。
国会
地方議会
・国会は「議院内閣制」
・地方議会は「二元代表制」
議院内閣制
二元代表制
という制度を採っているのです。

国とは違うのだよ、国とは②

議員内閣制においては、「政党」の存在が重要になってきます。というのも、一番数の多い党が政権の座につき、国の運営に当たることになるからです。与党と野党では持てる権限に雲泥の差があります。どの政党も、自分の中に実現したい理想の社会を持っており、その実現のために自分の政党が政権を取ることを目指します。そのため、自分が一生懸命やって国民の評価を上げることばかりでなく、政権の足を引っ張って「相対的に自分が上がる」よう働きかけを行うようになってしまうのです。

この業界に身を置いてみて感じるのですが、政局好きな人って、結構多いんですよね。権力闘争は血沸き肉躍るのかもしれません。もちろん政局「だけ」やっている人なんてほとんどいません（と信じたいのが本音）。

しかしながら、今の国会において「政策を一生懸命やれば、国民は評価してくれる」、「だから、他の政党の政策でも良いものはどんどん協力していかないと」、「他の政党に華を持たせることになっても仕方ないよね」という議員しかいない政党があったとしたら、他の政党にコテンコテンにやられてそのうち消滅してしまうこと請け合い。

これ、今の議院内閣制の弊害だと思っています。お陰様で、大臣どころか総理大臣ですらしょっち

ゆう変わるおしゃれな国になってしまいました。国会の場において野党が首相に対して漢字クイズを始めた際には「もうだめだ、この国」て、絶望的な気持ちになりましたですとも。

地方議会の場合、議員とは別に、市長（首長）が直接選挙で選ばれる。だから市長が半年とか一年でコロコロ変わることはないわけです。

でも国会内で政局やるのはホント勘弁して。やるなら会議室の外でやってちょうだい！

第一党が政権を担う議院内閣制ですが、
I win.
政党A
政党B
政党C
政党D
野党には、政権奪取のため現政権である与党を批判し、追い落とそうという行動原理が働きます。
政権与党にオレはなる!!
政党間の対立が生じるのは、
政権
いや俺だー。
俺のだー
そういう風に出来ているからとも言えます。
だからといって政局ばっかりやられたら
いやあああぁ
国民はたまったものではありませんが。
国民の叫び

国とは違うのだよ、国とは③

このように議院内閣制という制度そのものが、政権与党の座をめぐって各政党が競い合うことを助長する仕組みになっています。

一方、二元代表制はそうではありません。国で言う政権に相当する機能は直接選挙で選ばれた市長が担います。だから地方議会では第一党が過半数を取っても、たとえ議席の一〇〇%を取ったとしても執行機能は持てません。

ですから、地方議会の中で政党同士が競い合うことは必ずしも良い結果をもたらすわけではないのです。むしろ弊害の方が大きいかもしれません。

議会の中で各政党が勢力争いにかまけ、行政のチェックがおろそかになれば、その隙に市長はやりたい放題になってしまうかもしれません。ただでさえ、地方自治体における首長の権限は絶大です。議会がどんなに「実施すべき」と主張しても、首長がやると決めなければ実現できません。

……例えば、市議会では、ずいぶん前から中学校給食の実施を求めており、実現について全会派一致で決議書も出していました。しかし市長が「やらない」とし実現には至らず。それが市長が変わった途端に方針転換して実施することになったのです（涙）。

市議になった当初、「市長に比べて、議会の何と弱いことか！」と嘆きもしましたが、この制度の中で議会が精一杯の力を発揮するため、やれることはまだあります。

地方議会においては、「政策」について党派を超えて議論を行い、議会の総意として執行部に当たることで、力を得ることができます。

だから地方議会において政党政治を行うことは国会以上にナンセンスなのです。

地方議会で政党政治を行うのは、百害あって一利なしよ。

二元代表制の場合、執行は首長で議会とは完全に分かれています。
首長
議員
地方議会において政党が政局争いに終始することは執行側の首長からすれば実に都合の良いことです。
この際に決めちゃえ
A党
B党
C党
あーだ
こーだ
ちがーう
議会は党派を超えて政策論議を重ねその総意を持って首長に当たらなければ十分に力を発揮できません。
A党
B党
C党
D党
E党
議会の総意
わ・・・わかりました
地方議会では政局は二の次に置いて一致団結して行政と対峙する必要があるのです。
大事な事は政党とか関係なく進めなくちゃね。

国会議員って……何なのさ①

地元で見る衆議院議員の姿を通じて、皆さんに考えてほしいことがあります。

どこの地域も、様々な団体が様々な場所で地元行事を行っています。町内会や老人会、子ども会のお祭り、運動会、餅つき。少年野球やPTAなどのスポーツ大会。社会福祉法人など各種団体の総会や大会。団体の記念式典、それから市内施設の開所式など、数えきれないほどです。

そうした行事の中には、結構な割合で議員に来賓として出席を求めるものがあります。私のところにも招待状が沢山届きます。そしてたいていの場合、それは衆議院議員と県議会議員にも届いております。

地区の小さなスポーツ大会の開会式に、衆議院議員、県議会議員、市議会議員十数名が一堂に会することはさほど珍しいことではありません。

こうした様々な行事が年中至る所で行われているのですが、特に多いのが年末年始です。

年末年始と言えば、忘年会に挨拶回り、年が明けると嵐の賀詞交歓会・新年会期間のスタートです。賀詞交歓会とは、年始を祝うパーティのようなものです。具体的にはホテルの宴会場や公共ホールなどに数百人が参集し主催者と来賓の挨拶が三〇分~一時間ほど、その後乾杯を行い、お互いに名刺交

換や談笑を行って二時間～三時間、というものです。

ウチの市の場合、市の賀詞交歓会で始まり、各区・各地域・各種団体の賀詞交歓会が続きます。毎年だいたい順番が決まっていて、大きな会は日時が被らないようになっています。この賀詞交歓会だけでも、市内で開催されるものすべて合わせると一〇〇は超えるかもしれません。

「議員」であれば国会議員も県会議員も市議会議員もまとめて呼ぶ行事は多いのよ～。

国会議員って……何なのさ ②

年末から二月にかけてはこうした年末年始イベントが山のように押し寄せるため、それだけでスケジュールが埋まると言っても過言ではありません。

私のところにもそうした招待状がたくさん届きますが、年を追うごとに招待状の数は増えていきます。あるベテランの地方議員は招待状だけで一〇〇件近いと言ってましたから、これが地方議員より選挙区の広い衆議院議員ともなるとすごい数になるわけです。

さて、怒涛の新年行事。賀詞交歓会以外にも、各地域の自治会や老人会、婦人会の新年会、地域交流団体の新年会、消防の出初式などなど次から次へとやってきます。新年会などは町会ごとに開催されますし、市内でいくつ新年会が開催されているのかなんて多すぎて数えきれないです。

そして、そうした場所にも多くの議員はマメに顔を出します。衆議院議員も。ある町内会の餅つきに顔出しされた時にはビックリでした。選挙区内に町内会は数百あります。ここに来ているということは、他の町内会にも顔出ししているということですからね。

一度、国会議員のブログやSNSを覗いてみてください。「今日は地元の新年会をはしごした」とか「今日は餅つきに参加した」とかそういう書き込みで埋まっていますから。

この時期、衆議院議員は、いったいどのくらいの数を回っているのだろうか？　と思ってある議員に尋ねてみたことがあります。

そしたら、さらっと「だいたい、一〇〇〇くらいだね」と答えられまして、「せ、せん???」肝を潰しました。一〇〇〇……って。どうやって時間のやりくりしているか想像がつかない数字です。

後で秘書に確認したら「さすがに一〇〇〇はない」と言っていたわ。なんだ。でもそれでも数百は下らないそうよ。

特に忙しいのが年末年始。
1月のスケジュール
毎日びっしり
新年会や賀詞交歓会の嵐です。
衆議院議員は地元の各町会の新年会や餅つき大会にも顔を出します。
センセー いらっしゃい。
どーも どーも。
わいの わいの
ある議員に、この時期どのくらいの数を回るのか聞いてみたところ、
↓衆議院議員
ん？
驚愕の結果が。
1000!?
せん。

国会議員って……何なのさ③

衆議院議員が地域の行事に年間一〇〇〇件は出ているとしましょう。単純計算で年間一五〇〇時間を費やしている計算になります（地域行事における衆議院議員の動向を見ると、三〇分だけ顔を出してすぐ帰るものや、二時間以上座ったまま帰れないものなどがあるため、一件の地域行事に費やす時間を平均一・五時間としました）。

一年三六五日で一日二四時間ですから、一年間は八七六〇時間です。八七六〇時間のうちの一五〇〇時間ですから、年間総時間の実に一七％が地域行事への参加に充てられている計算になります。しかもこれ、移動時間が含まれていません。二四時間働くことは不可能です。一日の稼働時間を八時間とした場合、これは、何とその半分が地域行事に費やされている計算です。

その他、付き合いや冠婚葬祭、業界団体との会合や理事会等々色々ありますので、国会の政策に費やす時間はどのくらい残っているのか疑問です。下手すると政策にはほとんど時間を使っていない議員もいそうな気がしてきました。困りましたね。皆さんは、国会議員に何を求めますか？

自分の息子の結婚式に出てくれたり、行事に顔出ししてくれさえすれば満足ですか？

「何を言っているんだ！　そんなわけないじゃないか！」

「大体、そうした場所に行かなければいいだけの話では?」

「秘書がいるんだから、招待されたら秘書に代理で行かせればいいじゃないか」

などと言われそうです。

私もそう思っていました。

でも、一方でそういうわけにはいかない事情も存在するのだということを知りました。

頻繁に地元行事に顔を出す国会議員は本来の仕事やる時間ないんじゃないかしら?

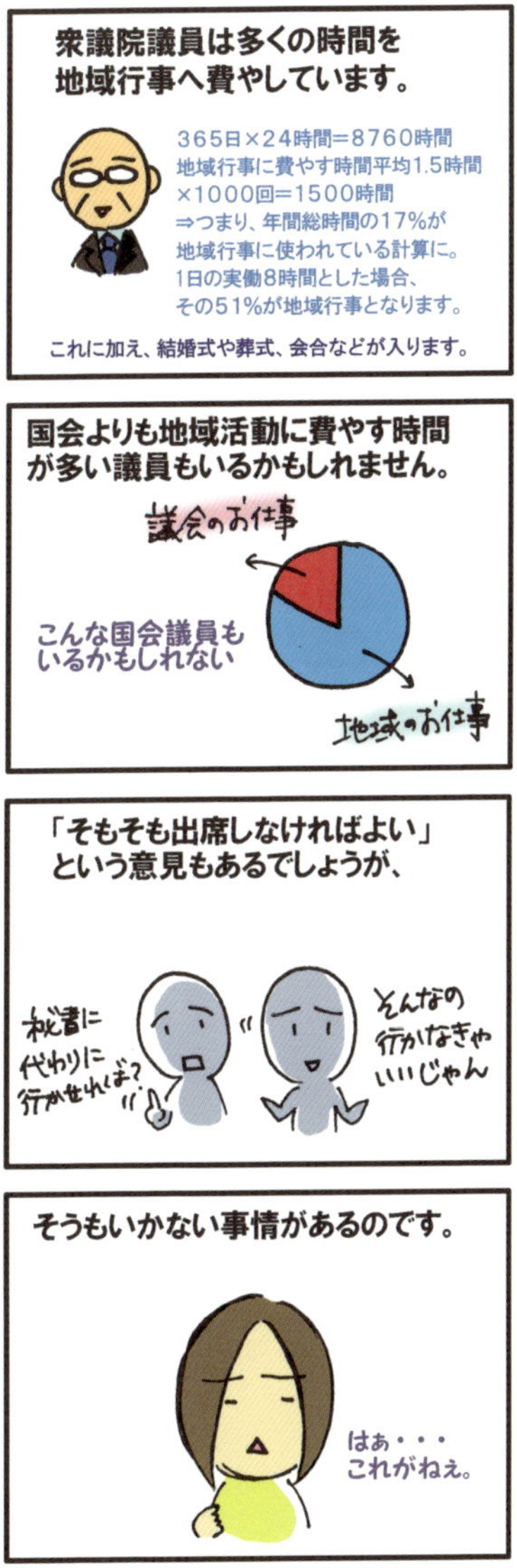
衆議院議員は多くの時間を地域行事へ費やしています。
365日×24時間=8760時間
地域行事に費やす時間平均1.5時間
×1000回=1500時間
⇒つまり、年間総時間の17%が
地域行事に使われている計算に。
1日の実働8時間とした場合、
その51%が地域行事となります。
これに加え、結婚式や葬式、会合などが入ります。
国会よりも地域活動に費やす時間が多い議員もいるかもしれません。
議会のお仕事
こんな国会議員もいるかもしれない
地域のお仕事
「そもそも出席しなければよい」という意見もあるでしょうが、
秘書に代わりに行かせれば?
そんなの行かなきゃいいじゃん
そうもいかない事情があるのです。
はぁ・・・これがねぇ。

国会議員って……何なのさ④

さて、衆議院議員は地域行事へ非常に多くの時間を割いていることはご理解いただけたかと思います。

国会は国の重要な意思決定を行う機関です。

その国会議員の優先順位が、地域行事＞＞＞＞国の政策、だとしたら問題ですよね。

地元で国会議員の姿を見るたびに「ここに座っているだけの時間の無為なこと！　いっそ出席などしないで国の政策の仕事をしてほしい!!」と何度思ったことでしょう。国会議員のセンセー方は、いつも時間を気にしていますし、心の底から出席を喜んでいるようには見えないんです。では何故それでも顔を出すのか？　といえば「次の選挙で当選するため」としか言いようがありません。こうした地域行事に参加しないことは、地域の地盤を失うことに等しいからです。

これはある地方議員から聞いた話です。その議員の地元の国会議員が内閣改造で大臣になったそうです。そうなると国会の仕事で忙しく、地元の祭りやら会合やらになかなか顔を出せなくなって、秘書の代理出席が増えました。すると、ある町内会の方から「お前のところの先生は、地元にちっとも顔を出さなくなったから、次はないと思え」と言われたそうです。

要するに顔出さない議員なんぞに次の選挙では票を入れないからな、ということです。

この話を聞いた時、悲しくなってしまいました。

それって、その人にとって、地元行事＞＞＞国政ってことでしょう？

大臣にすら、そんなこと言う人がいるということ、そして衆議院議員が足しげく地元行事へ通っているという事実から、国会議員の置かれている状況は推して知るべしです。

地元行事に国会議員が顔を出さないと、票を入れない人間がたくさんいるということだわ。何ということでしょう。

とある国会議員が大臣に就任して、大変忙しくなったので
地元行事へ顔を出せず秘書の代理出席が増えたところ、
××は国会のため出席できません
すみません..
その政党の地方議員に対してある町会の人が、
お前んとこの○○先生な、最近ちっとも顔出さなくなったよな。
もう次はないと思えよ
と、言ったそうな。
て、言われたのよーん（泣）
OH! シンジラレマセーン!

国会議員って……何なのさ⑤

衆議院議員は小選挙区制と比例代表制という選挙制度で選ばれます。小選挙区制は、一つの選挙区から一人を選ぶ方法です。対象となる選挙区はそんなに広くなく**小選挙区は国会議員がギリギリ地元を回れる大きさ**だと思ってください。

小選挙区制では、狭いエリアの中でたった一人だけが勝ち残る仕組みですから次の選挙でも当選するために、国会議員は地域行事や祭りに参加し、固定票を確保しようとするのです。握手してくれた、自分の町会の行事に来てくれた、結婚式に出てくれたということで、票を入れてくれる層が確実に存在するからです。こうした人たちは、絶対投票に行きますからね。

さて、そうでない人たちは、俗に無党派層と呼ばれます。こうした無党派層が次の選挙でどこの党の誰に投票するのかはまったく分からず「風」と呼ばれたりします。

今の国政選挙の投票率では、固定票を稼いでさえおけば当選できますので、衆議院議員は「無党派層の次の選挙での投票行動は分からないから、どんな風が吹こうとも確実に当選できるように固定票を稼いでおこう」と考えます。

このように衆議院議員が、政策とはほど遠い地元行事へ多大な時間を割いているのは、小選挙区制度の弊害であると言えます。その証拠に、選挙区の広い参議院議員はこうした地域行事で顔を見たことがありません。私は、国会議員は地元の祭りやら運動会に来ずに、国全体の政策に時間を使ってほしいと切に願っております。

そのためには、選挙に行く人が増えれば、今の制度のままでも選挙区の全員に対処しきれなくなって、地元回りが減ると思うんですけどね。

「地元回りは地域の声を聞く大事な時間」って議員はよく言うけど半分ホントで半分嘘よ。

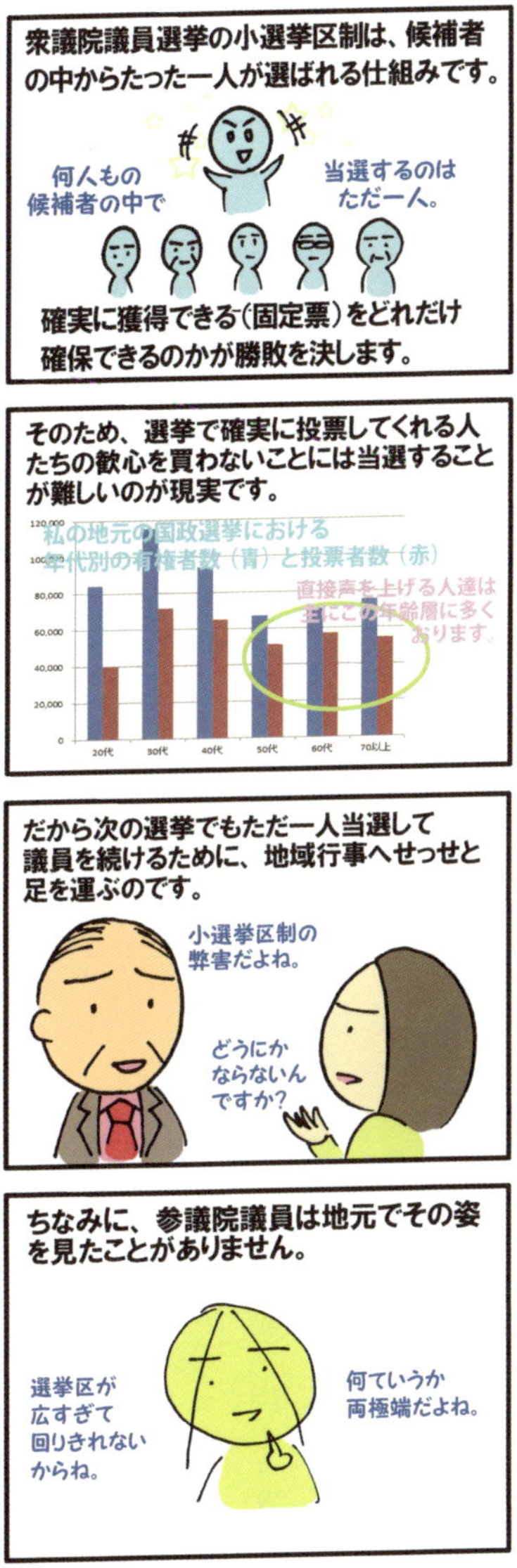

国会議員って……何なのさ⑥

「地域のイベントに顔を出すことで、地域の人の声を聞くことができるのです」と、多くの議員が口にします。地域の会合やイベントは毎日のように行われおり、もしそれらすべてに顔を出そうとすれば他の仕事はできなくなります。故に、私は招待されたもののみ参加するようにしておりますが、これでよいのかどうかは今でも分かりません。

地方議員である私は、地域住民の声を聞き、地域事情を市政へ反映させるのも役目の一つだと思っています。それ故にイベントにも顔を出しますが、そういう場所で会う人たちの顔ぶれって、いつも同じなんですよね。そうじゃない人たちの声は聞かないでいいの？　どうすればそういう人たちと話ができるの？　と、いつも悩んでおります。

皆さん、議員の仕事って何なんでしょうか？

議会における行政のチェックや政策提言を行うための時間は、今でも全然足りません。毎日一〇時過ぎまで仕事していますが、それでも足りないくらいです。

その中で、地域のイベントに顔を出して、一言「おめでとうございます」と言って帰るだけの仕事に時間を費やすことが本当に市民に喜んでもらえることなのだろうか？　こうした活動を議員が行う

ことを是とすることは地方議会の活性化に逆行する行為なのではないか？　と考えてしまいます。

さて、今まで説明してきましたように、国会議員も地方議員と同様に、毎日のように地元会合やのイベントに参加しています。そうした姿を間近で見ているとこの国の将来について悲観的になってしまいます。

国会議員って何なんだろう？　と。

次の選挙で選んでもらうため、星の数ほどある地元のイベントに顔を出して、できるだけ大勢と握手することが、国会議員がやるべき仕事なのでしょうか。

「それはそうだが、政策もきちんとこなしている」と反論されそうですね。

地方議員の私でも時間が足りないのですから、やるべき範囲の広い国会議員はもっと足りないはずでしょう？　その時間を、国家と国民全体のために使ってもらいたいと切に願います。


国会議員は日常業務も国家観を持って邁進してほしいわ。

トンネルを抜けるとそこはムラ社会だった①

この業界に飛び込んでしばらくしてから、ふと気づいたのですが、議員って「元秘書と世襲議員がめちゃくちゃ多い」んですよね。

議員の出身を見ると、国会はもとより、地方議会も**二世議員**と**元議員秘書**の多いこと！

少し古いですが、東京都市大学名誉教授、青山貞一氏の二〇〇八年のブログ記事によると、全国会議員の世襲の割合は四三％であると掲載されておりました（http://blog.livedoor.jp/aoyama211111/archives/51636750.html）。これに元議員秘書を加えるのとどのくらいの割合になるのか分かりませんが、地方議員まで入れると、世襲と秘書で半数超えるかもしれません。

このあたりは政党によって事情は異なりますが、いずれも内部から人材を輩出している点は同じです。私は、大学を出てすぐに民間企業に就職し普通の会社員としてずっと生きてきました。政治にすごく興味があるわけではないけれども国民の権利として選挙には必ず行く、そんな感じの人間でした。思うところあって政治の世界に足を踏み入れましたが、自分のような出自のものが少数であることを知ったのはそれからしばらくしてからでした。

働く人間の中で最も人数が多いのが「会社勤めの人間」のはずですよね。国民的には多数派を占めている会社員であった私は、ここでは業界のしきたりとか空気の読めない珍獣と化しております。

皆さんから見て、「この政治家は民意のこと、全然分かっていないじゃないか」とか「どうしてこの党は支持を落とすような結論を出したんだ?」と理解できないことが多くあるのではないでしょうか?

珍獣として醒めた目で見ている私には、それらは「タコツボの中にずっといるから」だと感じます。

政治の世界は、議員二世と元秘書で占められているのよ。会社勤めや自営経験のない人ばかりが国を動かしているのって怖くない?

この業界に入って、
議員の経歴を見ると
元議員秘書と
前は国会議員の○○先生の秘書でした。
議員二世（三世）がすごく多くて
父が県議会議員です。
別業界の出身者がとても少ないことに今さらビックリ。
その他
二世
組合
秘書
わ、私希少種だわ！

トンネルを抜けるとそこはムラ社会だった②

政治の世界に限ったことではありませんが、外部人材の新規参入が少ない組織は、独特のルールやしきたりが出来上がり、どんどん視野が狭くなっていくものです。こうした状態を**ムラ社会**だとか**タコツボ化**などと呼ぶことがあります。そしてこの状態が長く続くと、外の世界との間にどんどん溝ができて、ついには時代変化に追随できなくなります。

企業であれば、顧客の支持を失い、最後は廃業か良くて吸収合併対象、といったところでしょうか。では、政治の世界ではどうでしょう？　有権者の支持を失って……行きつく先は……考えたくありませんね。

これを防ぐ方法は二通りあります。

一つは自分がタコツボの中にいるということを意識して壺の外と交流し、違う価値観や考え方を取り入れること。もう一つは、壺の外の人間を組織に入れることです。

外部の人間も壺の中に入ると徐々に同化していきますので、常にこの両方を行い続ける必要がありますよね。私、議員の出自は世襲でも元秘書でも構わないと思っています。二世でも秘書でもそれ以外でも優秀な人は優秀だしダメな人はダメでしょう？　そこに出身は関係ないと思っております。

しかし一方で、世襲と秘書出身者ばかりではタコツボ化は免れません。やはり業界特有の価値観やしきたりが世間一般とはかけ離れていると感じて改善・改革を率先する外からの人材が必要です。

しかし残念ながら、今のこの業界は、外部からの新規参入も人材交流も少なくてタコツボ化していると言わざるをえません。

この業界、新陳代謝が効かなくなっているわ。ブヨブヨよ！　デトックスしないと！

他業界から転身した人でも
いやー。誘われちゃって。
議員の知人や同級生など以前から交流があった場合も多く
まったく接点がなく「公募」からというケースは少ないです。
党本部
ピンポーン
ごめんくださーい
そうだ選挙出よう
新規参入の少ない業界は組織が硬直化しやすく
カキーン
往々にして時代の変化に対応できなくなるものです。
ムラ社会っすね。
前例はこうだから従え！

トンネルを抜けるとそこはムラ社会だった③

さて、今まで**この業界は他からの新規参入者が少ない**ために**組織がタコツボ化**していると述べてきました。これは何故なのでしょうか？

タコツボ化防止のため、民間企業では人事部門が活躍します。

人事部が意図的に自社の社風とは異なる人材を採用する・中途採用を増やすなどして組織にゆらぎを与えるのです。また、他企業への出向、海外留学や社員間交流などにより常に新しい価値観を与えようともします。

人事システムとして、**組織の陳腐化を防ぐ仕組み**が出来上がっているのです。

しかし、政治の世界には人事部はありません。人事は党の執行部や県連組織、つまり議員自身が取り扱います。自分の人事を論理的・客観的に行うことなんてできませんよね。故に、政治の世界では、企業のような組織を変化し続けさせるシステムが成り立たないのです。

話は変わりますが、「○△党候補」として選挙に出るためには、党員であるばかりでなく、その党の公認を得る必要があります。

党の公認はどういう人に対して与えられるかというと、コネや内部の人材登用のほか各政党では公募という形で、選挙に出たい人間を募集しております。実は結構広く社会に門戸を開いているのです。

しかし、公募を受け付けても、実際に公認が出るかどうかは別の話です。

いきなり公募で応募した人間がいたとして、彼（彼女）が希望する選挙区に同じく二世や元秘書が手を挙げていた場合どうなるでしょうか？　それはやはり、地盤を持つ二世や自分の身内である秘書を優先すると思いませんか？

議員自身が候補者を選ぶ以上、見知らぬ人間より身内の二世や秘書を優遇するのは当然よねぇ～。

前回のあらすじ
カキーン
新規参入者の少ないこの業界が石のように硬直化していますね
このピンチを救うためヒーローが立ち上がったらいいな
その理由はいくつもありますが、一つは組織や地盤を守るために身内を後任に据えるため。
息子さんをぜひ
まじでー
息子を出馬させよと後援会に迫られるの図
また、付き合いのない人を公認する場合には人物の判定が難しいという事情もあるでしょう。
ハーイ
ハーイ
こんにちわー。僕、議員になりたいでーす。
さらに、他で成功していれば今の地位を捨ててまで選挙に出ようという人は少ないのでは？
NPO代表
会社経営
公務員

トンネルを抜けるとそこはムラ社会だった④

また、こうした接点のない人間の人物や能力を測るのは至難の業です。公募では履歴書や論文での書類審査と面接による選考を行うのが一般的ですが、それでも問題のある人物を選んでしまうリスクは残ります。党の公認として立候補した人物が何か問題を起こした場合、公認を出した政党も社会的責任を問われます。

昔から知っている人であれば、そのリスクは回避できますよね？

こうして政治業界の近くにいる人、知人友人関係の公認が増えるのです。大学の同級生や同僚など、自分の身の回りの人間を勧誘するケースもたくさんありました。

そして最後に……そもそも他の業界で成功した人や優秀な人が選挙に出たいと思うでしょうか？　議員になりたいと思うでしょうか？

そういう人、少ないのではないでしょうか。

選挙に出るには、会社を辞めるか休職しなければなりません。二足のわらじでは当選は難しいです。そこまでしても、当選するかどうかは分かりません。人生の大博打です。

でも、自分の人生を賭してまで得たい職業であると思う人はどれほどいるでしょうか？　今の日本において政治家は、尊敬されないどころか、後ろ指さされる存在です。また本人はやる気があっても家族が反対することもあります。そこまでのリスクを負っても家庭に影響を与えてもやる価値のある仕事であると家族に認めさせるのは難しく、家族の大反対にあったために政治の道を諦めた人間を何人も見てきました。

ですから**外の人がこの業界に入りたがらない**という理由もあるのです。

さて、どうしましょうか？　こうした原因を一つひとつ解決していかないと、今の政治状況が改善することは難しいかもしれません。

新しい人が入らなくてタコツボ化する業界を改善するためには新しい人が入ってくる必要があります（笑）。

そのためには、今の選挙で勝つために必要であると言われている「**地盤**」「**看板**」「**鞄**」の三バンについて知ってもらわねばなりません。

次回は、この三バンについて書きたいと思います。

政治家が尊敬されない職業である以上、外からの人は入ってこないのよ。

「三バン」がなきゃダメなんですか？①

議員になるには、選挙に立候補して多くの票を得て当選する必要があります。

選挙で勝つためにはこの「地盤」「看板」「鞄」の三バンが必要だと言われています。

●地盤は組織、つまり自分を応援し支持してくれる大勢の人間です。世襲議員の場合は自分の親が地盤を固めてくれており、後援会組織もそのまま引き継ぐことができます。また、地域の顔役や名士なども地盤を持っていると言えます。

●看板は知名度、どれだけ選挙区内で名前を知られているかです。名前を知っているというだけで投票行動につながるので当選に有利です。有名スポーツ選手や芸能人、ニュースキャスターなどは看板を持っていると言えます。地域限定でも、選挙区内で知られてさえいれば十分看板を持っていると言えます。

●鞄はズバリお金です。支援組織や知名度がなかったとしても、お金を持っていれば何とかなる場合があります。活動資金を投入することで当選の可能性は上がります。例えば町中に自分のポスターを貼ったり演説会を開催したりして知名度を上げ、多くの人間を動員して活動することで自分の支持者を増やしていくことができます。選挙にはお金がかかると言われます。裏を返せば、お金をかければ選挙ができるということです。

お金（鞄）を投入して積極的に活動して知名度（看板）を上げ、徐々に支援者を増やし支持基盤（地盤）を強固にしていくのが定石です。

この三つの要素、政治業界のヒトからは、すべて持っている人間は当選する可能性が高いと見なされますし、一つも持っていなければ当選は難しいと判断されます。

私にはジバンもカンバンもカバンも、なーーんにもなかったわ。普通はそうじゃないの？

選挙で当選するため必要なものは「地盤」「看板」「鞄」であると言われております。
カバン
カンバン
ジバーン

地盤（ジバン）は組織。後援会や団体組織など支援をしてくれる人がどれだけいるかです。
応援するぞー
うおおお

看板（カンバン）は知名度です。一般に広く名前と顔を知られていることです。
あ、この人
知ってる。

鞄（カバン）はお金。活動にかける資金をどれだけ持っているかです。
活動資金に
糸目はつけないさー

「三バン」がなきゃダメなんですか？②

政党の立場で考えると、選挙の際には自分の政党から一人でも多くの当選者を出し、党勢拡大を図りたいと考えます。民主主義は多数決で物事が決まりますから、自分たちの意見を通すためには、自分の党に所属する議員を増やす必要があるからです。

ですから、**選挙で勝てる可能性の高い人間を優先して公認する**ことになるのです。

そのため結果的に地盤を持っている二世や地元名士、鞄を持っている事業家や資産家、看板を持っている有名人などが選挙に立候補することになるのです。

一方、三バンのいずれも持っていない人間は、当選する可能性が低いと評価されるため、三バンのいずれかを持っている人間に比べて、党の公認はなかなか貰えません。

こうして議員の出自に偏りが出る結果となるのです。

……本来は三バンを持っていなくても優秀な人材であれば積極的に政治の世界に送り出すべきだと思うんですよ。特に若い世代は三バンなんて持っていない人がほとんどでしょう？　ましてや外部の人間であればなおさらです。

でも「勝たなければ意味がない」とか「選挙は戦いだ」とかよく分からない道理がまかり通り、初めから三バン持っていて勝てそうな人材が優先されているのが現状。

その人の能力や政策、ひどい時にはイデオロギーの違いでさえ目をつぶり三バンの有無の方が優先されます。これじゃあ、いつまで経っても人材の若返りは図れず、業界全体がタコツボ化したまま時代遅れの考え方にとらわれて、世間とどんどん隔絶していくと思いませんか？

そんな業界が国を動かしていると考えるとぞっとします。


もうね、この業界袋小路に入ってます。選挙の仕組み自体を変えないと無理かも。

この三バンを持っている人ほど選挙で当選すると考えられており
いまいち。ムリだわ
なんとか
いける!!
各政党では一人でも多くの議席を得て党勢拡大を図るために
政権
いや俺だー
俺のだー
少しでも「勝てる可能性の高い」候補者を擁立しようとします。
当選せな意味ないし
そうだそうだー!!
民主主義
多数決の原則
そのため、党の公認を得て立候補する人がこんな感じになるのです。
カバン
・実業家
・資産家
・企業トップ
カンバン
・芸能人
・スポーツ選手
・キャスター
・大学教授
ジバン
・議員二世
・地元名士
・団体代表

「三バン」がなきゃダメなんですか？③

政治家が国民の方を向いていないと感じている人、多くないですか？

その理由の一つは、今見てきた通りです。三バンを持っている人の方が当選しやすいと考えられているので、政党はそういう人間ばかりを選挙に送り出します。彼（女）の地盤組織は、選挙の際には必ず投票に行きます。今の選挙の投票率は高くないので、全有権者の中で地盤を形成している人の割合は低いにもかかわらず、投票者の中では高い割合を占める結果になります。その結果、特定の層に支持された人間ばかりが政治家になって、彼らの利益を守るための政治を行うのです。

要するに、「どうせ行っても何も変わらない」とか、「だって、当選する人決まっているもん」などと行って選挙に行かない人が多くなった結果がこれです。

政治の世界で一部の人間の声が大きいと感じるのは、声の大きい一部の人間は必ず選挙に行って、自分の意見を代弁してくれる政治家を送り出しているからです。

この世界に身を置いて危機感を抱いていることなのですが、民主主義の大事な要素の一つである多数決の原理、今はそれがいびつな形になっていると感じています。

「なぜ、これほどまでに少数派の意見がまかり通るだろうか？」

「なぜ、生活者の普通の感覚で物事の良し悪しの判断ができないのだろうか？」

常に疑問に思います。皆さんはこうした現実どう思います？

私は言いたい。とにかく選挙に行きましょう。

投票所に足を運ばない人は、今の政治状況を形成している原因の一翼を担っているということを分かってもらいたいです、ホント。

あなたたちが選挙に行かないと、一部の声の代弁者しか政治家になれないのよ！

この三バンが当選につながるまでの関係はだいたいこんな感じです。
カンバン
知名度
ジバン
支援者
当選
資金
カバン
様々な活動を通し知名度を上げつつ支援者を増やし地盤を固めていくのです。
最終目標は強固な地盤を築くことです。
地盤があれば逆風が吹こうが何であろうがいつでも当選することができますから。
- 後援会
- 政党支持者
- 労働組合や業界団体などの利害関係者
- 特定思想の支持者
必ず選挙に行き投票する
何があっても毎回当選できる強〜い地盤
なぜならこうした地盤を形成している人達は必ず選挙に行くから！
有権者の中での地盤の人の割合
選挙で投票した人の中での割合

みんな同じでみんないい……くない！①

議員の政策を見ていると、国会議員も県議会議員も市議会議員もまったく同じ政策をうたっていることが多いんですよね。これってどうなの？　と思っています。

いや、これ、それぞれの議員が悪いわけではないんですよ。国と県と市で同じ仕事をやっているからなんです。それも権限と財源の分担がビミョーに違っていたり。

要するに統治機構の問題なんですよね。私は、この国会議員も県議会議員も、市議会議員も同じ仕事をしていることについて非常に問題だと考えています。

一番危惧しているのは、国会議員に対してです。だって国会議員が行うべき仕事の内容を見てください。まず外交と防衛。世界の国々と渡り合い、周辺諸国との緊張関係の中で、国を守るためのギリギリの交渉を行う必要があります。それから経済・通貨政策。グローバル経済の中で、為替が国内経済に与える影響を考慮した金融政策や財政、雇用政策を打ち出す必要があります。さらに年金や社会保障。未曾有の少子高齢社会を迎える中で、どうしたら高齢者も働く世代も子どもも安心して暮らしていけるのか、社会システムを抜本的に見直す必要があります。

その一方で、保育園の設置基準や子宮頸がんの予防接種を打つ／打たないとか、介護予防のための体操教室なども国会議員が決めているんです。

国会は、国を守り維持していくための大きな仕組みを議論すると同時に、日常生活の細かい施策まで決めているのです。外交や防衛、通貨政策を考える人間が、同時に介護予防体操や保育園の施設を考えなければならないという現状が私は恐ろしいです。

国会議員は世界を相手にしつつ体操教室のこと考えるのよ。どっちつかずになる可能性ないかしら？

国会議員
僕は国で再生可能エネルギーを推進します！
県議会議員
私は県で再生可能エネルギーを推進します！
市議会議員
私は市で再生可能エネルギーを推進します！
…

みんな同じでみんないい……くない！②

イデオロギーが一致するからという理由で、政党や国会議員を支持する人もおります。また、子育て施策に力を入れてくれるという理由で政党や国会議員を支持する人もおります。

私は思うのですが、そもそも、国家戦略と生活密着の施策、両面ともきっちりやりきれる政党も国会議員も存在しないのではないでしょうか？

生活密着の施策は地域によってその求める内容は異なるはずです。そうなると国会議員が国の施策としてすべての地域が満足する施策を提供するのは不可能なのではないでしょうか？

と言いますか、時間的・物理的にも無理だと思いますよ？　前に書いたように、そうでなくても国会議員は固定票獲得のため、週末や国会閉会中など地元を駆けずり回っているのです。地域行事や祭りに参加しつつ。国家戦略から個別の政策を議論して組み立てていく、国会議員のあり方自体に制度的限界があると考えます。私は国会議員には外交・防衛・通貨など国体の維持に関わるものだけに特化してほしいと思っています。例えば、子ども手当を出す出さないで政権が代わり、他国との情勢が危うくなったり、金融不安になるなんてこりごりですからね。

今の国会議員の仕事は、イデオロギー的なものから日常生活のそれこそワクチン打つ打たないまで範囲が広すぎです。日常に関する施策は地方がやって、国会には国を守る仕事に専念してほしいのです。そのためには、そうした日常に関する施策は地方が自分たちの実情に応じて、自分たちで考え、実施することです。地方に財源と権限を渡してもらい、地方分権を推進すべく市議をやっています。

地方分権して、国会議員には国を維持する仕事に特化させないと、この国が危ないと思わない？

おわりに。「だから選挙に行こう!!」

さて皆さん、地方議員が置かれている環境について
少しはご理解いただけたのではないかと思います。
ここで書いたのはそうした出来事のほんの一部です。
表だって書けないような出来事も沢山見てきました
国民より政局の方が重要
利権は守る
これはヒドい
こんなのは氷山の一角
「政治家なんて信用できない。だから誰も選べないし選挙にも行かないんだ！」
そういうアナタ「悪い政治家」を生み出しているのはアナタ自身かもしれませんよ？

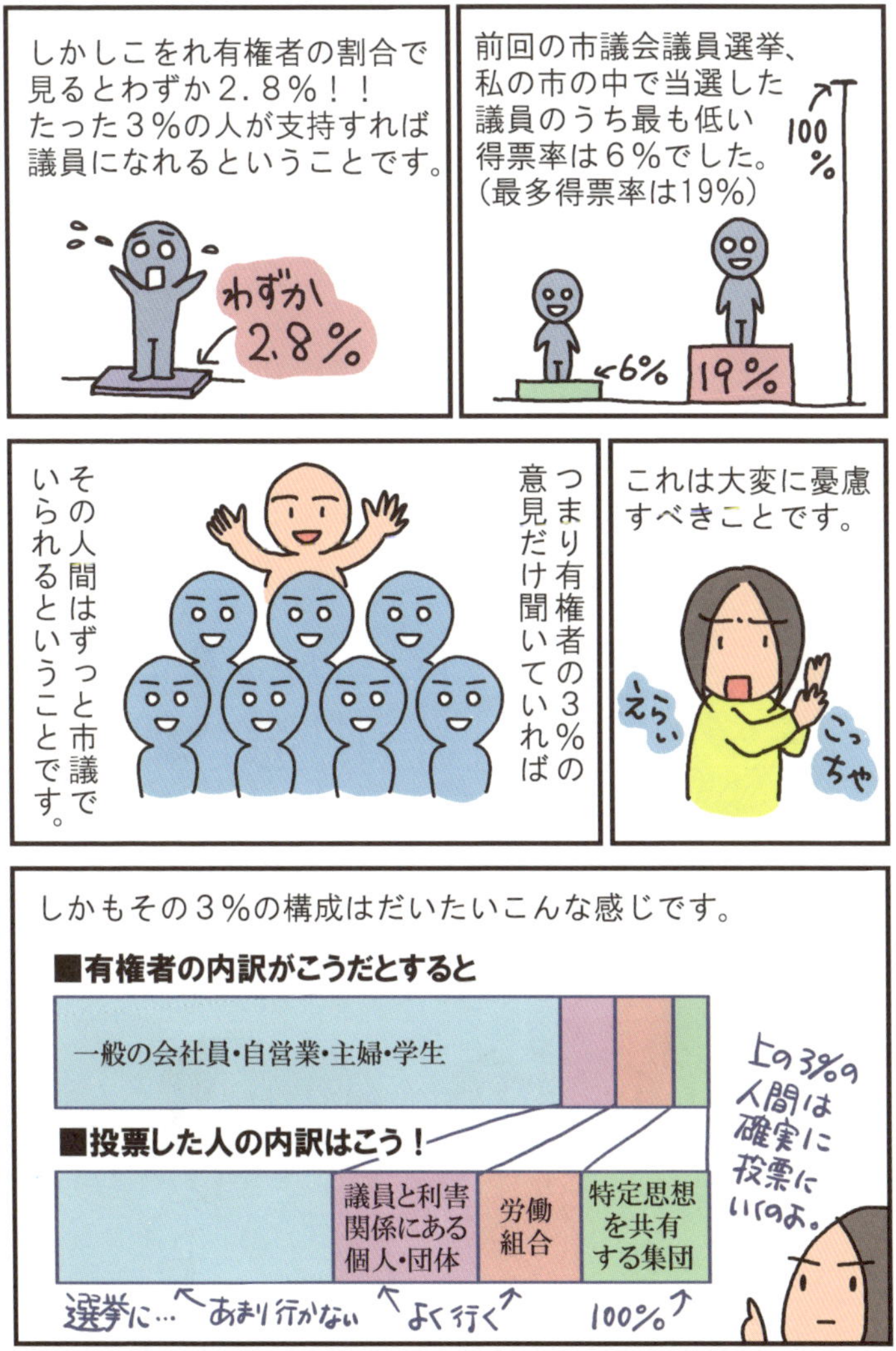
しかしこをれ有権者の割合で
見るとわずか2.8%!!
たった3%の人が支持すれば
議員になれるということです。
わずか
2.8%
前回の市議会議員選挙、
私の市の中で当選した
議員のうち最も低い
得票率は6%でした。
(最多得票率は19%)
100%
6%
19%
つまり有権者の3%の
意見だけ聞いていれば
その人間はずっと市議で
いられるということです。
これは大変に憂慮
すべきことです。
えらい
こっちゃ
しかもその3%の構成はだいたいこんな感じです。
■有権者の内訳がこうだとすると
一般の会社員・自営業・主婦・学生
■投票した人の内訳はこう!
議員と利害関係にある個人・団体
労働組合
特定思想を共有する集団
選挙に…
あまり行かない
よく行く
100%
上の3%の人間は確実に投票にいくのよ。

その結果、地方議会議員の議席は特定の人たちから応援を受けている人間で埋まります。
一般市民の代弁者
業界団体の代表
特定思想団体所属
市民活動家
労働組合代表
また投票結果から地区別・性別・年齢別に投票した人数が出されます。
A地区の年代別投票率
20代 30代 40代…
ここテストに出るざます。
つまりどういうことかと言うと
投票に行かない(と見なされた)層は政治家からは存在しない扱いになるんだっ！
な・・なんだってー！！

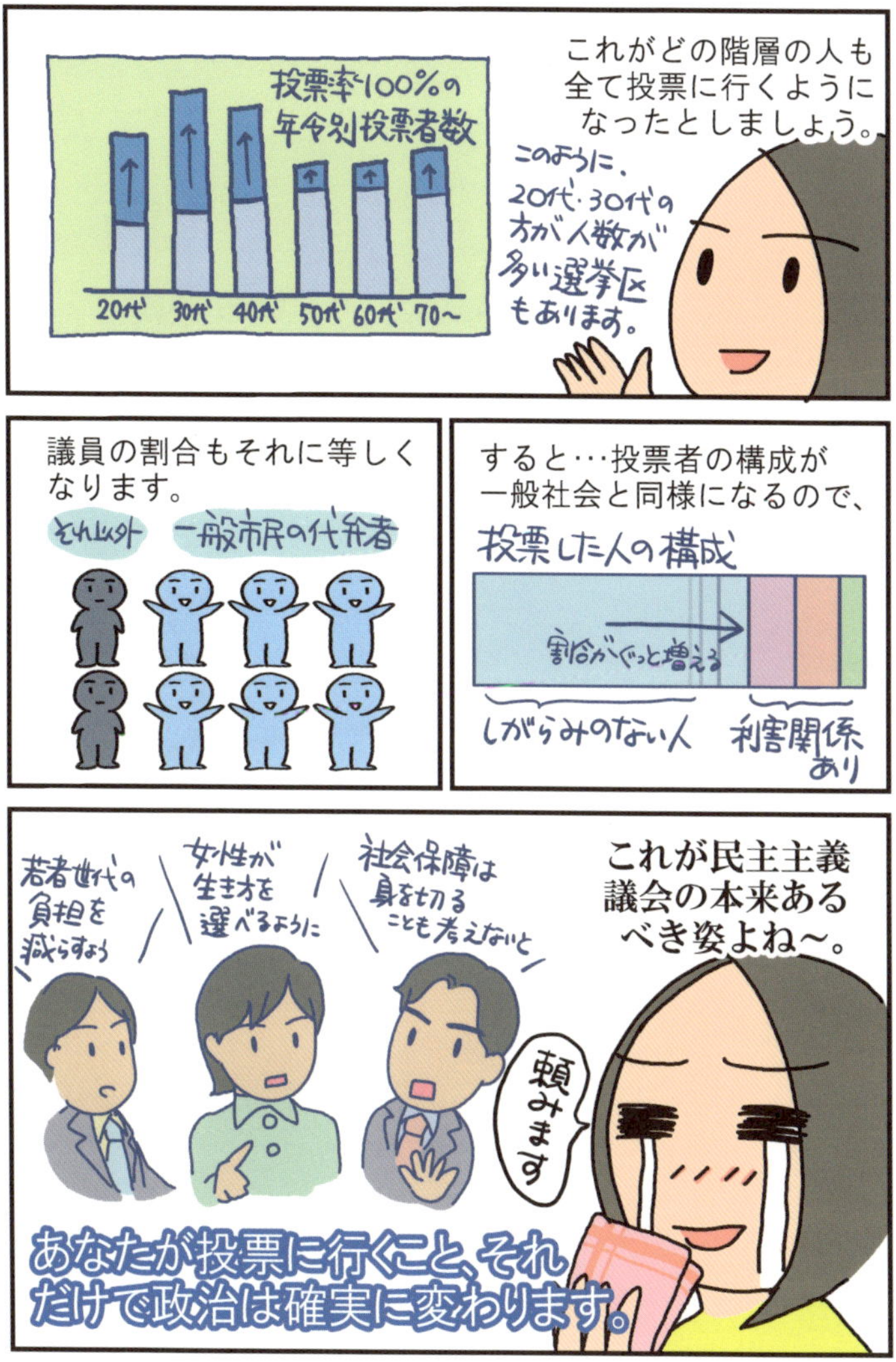

これがどの階層の人も全て投票に行くようになったとしましょう。
投票率100%の年令別投票者数
20代 30代 40代 50代 60代 70〜
このように、20代・30代の方が人数が多い選挙区もあります。
すると…投票者の構成が一般社会と同様になるので、
投票した人の構成
割合がぐっと増える
しがらみのない人
利害関係あり
議員の割合もそれに等しくなります。
それ以外
一般市民の代弁者
これが民主主義議会の本来あるべき姿よね〜。
頼みます
社会保障は身を切ることも考えないと
女性が生き方を選べるように
若者世代の負担を減らすよう
あなたが投票に行くこと、それだけで政治は確実に変わります。

■著者略歴

小田りえ子（おだ　りえこ〔本名：小田理恵子〕）

長野県立伊那北高等学校，明治大学法学部卒業。

IT 企業，コンサルティング会社を経て2005年より富士通㈱在籍，人事系のシステム企画・制度設計に従事。そこで初めて自治体相手のプロジェクトを経験し，日本の自治体の置かれている厳しい状況や根深い問題の数々を知り市議を目指すことを決意。

2011年4月の川崎市議会議員選挙（幸区）にて初当選。

現在，川崎市議会議員1期目として鋭意活動中。

- WEB サイト　http://oda-rieko.jpn.org/
- Facebook　https://facebook.com/odarieko

ここが変だよ地方議員

2015年3月31日　初版第１刷発行

著　者　小田りえ子
発行者　白石徳浩
発行所　有限会社　萌《きざす》書房
〒630-1242　奈良市大柳生町3619-1
TEL（0742）93-2234 / FAX 93-2235
［URL］http://www3.kcn.ne.jp/~kizasu-s
振替　00940-7-53629

印刷·製本　共同印刷工業・新生製本

ISBN 978-4-86065-093-3

●〈市民力ライブラリー〉 好評発売中●

松下啓一著

市民協働の考え方・つくり方

四六判・並製・カバー装・142ページ・定価：本体1500円＋税

■真の市民自治・地方自治を実現するための基本概念となる「協働」について，数々の自治体の協働推進に携わる著者が，自ら経験した豊富な実例を踏まえて易しく解説。市民やNPOのイニシアティブが働き実効の上がる協働の仕組みを提起。

ISBN 978-4-86065-049-0 2009年6月刊

松下啓一・今野照美・飯村恵子 著

つくろう議員提案の政策条例
――自治の共同経営者を目指して――

四六判・並製・カバー装・164ページ・定価：本体1600円＋税

■真の地方自治の実現を目指し，地方議員による地方性溢れる政策条例づくりを，全国自治体における実態の調査・研究も踏まえ提言。自治の共同経営者としての地方議員や議会事務局職員・自治体職員にとっても必読の一冊。

ISBN 978-4-86065-058-2 2011年3月刊

宮田 穰著

協働広報の時代

四六判・並製・カバー装・142ページ・定価：本体1500円＋税

■組織・地域・社会の共通課題に対し，ステークホルダー（利害関係者）が協働し，その解決を図ることを通して，相互の信頼関係を継続的に深めていく新たな広報のあり方を「協働広報」と定義し，その内容を実例などを交えて易しく解説。

ISBN 978-4-86065-066-7 2012年2月刊